MODERNISMO E ENSAIO HISTÓRICO

Coleção
QUESTÕES DA NOSSA ÉPOCA
Volume 112

Dados Internacionais de Catalogação na Publicação (CIP)
(Câmara Brasileira do Livro, SP, Brasil)

Gaio, André Moysés
Modernismo e ensaio histórico / André Moysés Gaio. — São Paulo : Cortez, 2004. — (Coleção questões da nossa época ; v. 112)

Bibliografia.
ISBN 85-249-1028-3

1. Brasil – História – Historiografia 2. Ensaios brasileiros 3. Modernismo – Brasil 4. Sodré, Nelson Werneck, 1911-1999 – Crítica e interpretação I. Título. II. Série.

04-2120 CDD-981.0072

Índices para catálogo sistemático:

1. Sodré, Nelson Werneck : Ensaios históricos-sociológicos : Brasil : Historiografia 981.0072

André Gaio

MODERNISMO
E ENSAIO HISTÓRICO

CORTEZ
EDITORA

MODERNISMO E ENSAIO HISTÓRICO
André Moysés Gaio

Capa: Estúdio Graal
Preparação de originais: Irene Hikishi
Revisão: Maria de Lourdes de Almeida
Composição: Dany Editora Ltda.
Coordenação editorial: Danilo A. Q. Morales

Direitos para esta edição
CORTEZ EDITORA
Rua Bartira, 317 — Perdizes
05009-000 — São Paulo-SP
Tel.: (11) 3864-0111 Fax: (11) 3864-4290
E-mail: cortez@cortezeditora.com.br
www.cortezeditora.com.br

Impresso no Brasil — abril de 2004

Sumário

Introdução

Este é um ensaio sobre a contribuição ensaística de Nelson Werneck Sodré. Este eminente intelectual, apresentado por muitos como crítico literário, crítico da cultura, historiador, memorialista, jornalista e sociólogo, foi responsável pela produção de uma das mais ambiciosas propostas de interpretação do Brasil. Não se limitou a publicar livros. Sodré se integrou a um projeto para transformar o Brasil no âmbito de sua participação no Clube Militar, no Instituto Superior de Estudos Brasileiros (ISEB) e no processo de redemocratização da política brasileira.

Não era apenas um intelectual *empenhado* (grifo nosso), qualificativo que serve para aqueles que sazonalmente tomam posições contra o *status quo*. Sodré procurava, não sacrificando sua produção intelectual, participar do processo político brasileiro de maneira aberta e corajosa.

Este ensaio é uma contribuição para esclarecer as influências decisivas do pré-modernismo e do modernismo na obra sodreana, especialmente do último. Trataremos, mesmo resumidamente, da caracterização do ensaio histórico-sociológico produzido nesses períodos.

Trabalhando isoladamente durante toda a sua vida, particularmente quanto à produção intelectual, um autodidata, o intelectual em questão recolhe suas impressões e influências na tradição brasileira, não apenas por bibliossugestão, mas acompanha e participa tanto da vida literária como da política brasileira.

Sodré elaborou, em 1957, o conceito de *Revolução Brasileira*, para compreender as transformações operadas após a Revolução de 1930 e este será aplicado para compreender as transformações nas mais variadas esferas da vida brasileira: cultura, literatura, instituição militar, classes sociais, imprensa, história, pensamento político, entre outras.

No capítulo das omissões, a ressalva única e decisiva é que o formato da coleção não nos permite abordar extensamente as questões supracitadas. Apenas três de seus 58 livros (que consideramos os mais importantes) serão discutidos mais detalhadamente para apresentar a interpretação do Brasil por este eminente historiador. Tudo bem. Quem se der ao trabalho de procurar os estudos sobre a obra de Sodré verificará o reduzido número de artigos e ensaios a respeito de suas obras.

Iniciaremos uma discussão qualificada e convictos de que, para além dos problemas que existem na obra sodreana, encontraremos nela contribuições importantes que iluminam, como poucas, o Brasil, sua história e sua sociedade.

Esperamos aproveitar a oportunidade que a Cortez Editora, através da lucidez e sensibilidade do seu editor, Danilo Morales, a quem agradecemos, nos confere para apresentar aos novos leitores uma obra imprescindível para pensar o Brasil e os seus dilemas.

O autor deseja agradecer aos seus pais e irmãos pelo constante apoio e carinho; ao Professor Antônio Pedro (Tota) pelas sugestões e participação decisiva na publicação do ensaio; aos Professores Gilberto Barbosa Salgado e Eduardo Salomão Conde por suas leituras atenciosas da primeira versão; à eminente historiadora Paula Beiguelman pela amizade e por seus importantes comentários sobre a obra de Sodré; ao amigo e crítico de arte Walter Sebastião; aos amigos e Professores do Departamento de Ciências Sociais da Universidade Federal de Juiz de Fora e ao Erik de Paula Carvalho pela ajuda na digitação do texto.

O livro é dedicado à saudosa memória de Anníbal Moysés.

Capítulo I

1. O ensaio como gênero textual

A discussão acerca da natureza do ensaio freqüentemente opõe ciência e arte, ciência e estética, conhecimento e intuição, pesquisa e opinião, visão total ou parcial de uma certa realidade, formato conclusivo dos textos ou inacabamento, pesquisa ou interpretação, fundamentação ou exercício impressionista. Aqueles que recusam o ensaio o criticam, utilizando sempre o segundo termo dos pares acima citados.

As posições de Lukács, Simmel e Adorno tornaram-se referências para a discussão do alcance do ensaio como forma adequada de conhecimento da realidade.[1]

A definição mesma de ensaio já é algo estranho na medida em que ele só se esclarece por enumeração dos procedimentos a que ele submete o objeto a ser interpre-

1. Não é nosso objetivo discutir aqui a positividade ou não do ensaio como gênero textual adequado ao conhecimento científico; todavia, não acreditamos na oposição entre conhecimento científico e produção ensaística, mesmo porque o resultado de pesquisas pode ser apresentado, adequadamente, em muitos campos do conhecimento, na forma de ensaio.

tado e se constitui também por oposição a outros gêneros textuais.

O termo "ensaio", em estado de dicionário, no Aurélio, por exemplo, é definido de modo precário e desprovido de positividade: *obra literária em prosa, analítica ou interpretativa, sobre determinado assunto, porém menos aprofundada (e/ou menor) que um tratado formal e acabado.*

A posição acima recoloca os chavões sobre o assunto. A popularidade da noção de que ao ensaio está destinada a produção sobre estética, ou de que a linguagem no ensaio está próxima da escrita que valoriza um vocabulário rico, imaginativo, belo, de ambição literária e que deve estar contido em textos de tamanho reduzido (proximidade com as cartas e folhetins), tornou-se senso comum.

Em Georg Simmel e em Theodor Adorno, com fundamentações diferentes, o ensaio ganhou um lugar legítimo como gênero textual: para o primeiro, mesmo afirmando sua natureza artística, o ensaio é um gênero totalmente adequado à apreensão de objetos novos e que escaparam à investigação da filosofia tradicional. Waizbort (2000), ao discutir a importância do ensaio em Simmel, procura enfatizar algumas características do texto do sociólogo (filósofo) alemão: o movimento, o processo que visa apreender o que não é fixo, seu caráter subjetivo, a adequação especial a certos objetos, a liberdade na escolha e tratamento dos textos, a necessidade de uma prosa clara, a repetição de argumentos e idéias, seu caráter de hipótese que visa estimular no leitor questionamentos.[2]

2. O texto de Waizbort trata em profundidade estas e outras questões que são decisivas nas obras de Simmel.

A reflexão de Adorno é posterior à de Simmel (que é citado no texto adorniano) e dela se diferencia, não por se opor, mas por utilizar argumentos distintos, embora, enfatizamos, em vários pontos complementem a visada de Simmel.

Adorno reconhecia a separação entre arte e ciência e admitia haver certa *autonomia estética* no ensaio; ele é *essencialmente linguagem,* um esforço tenaz na exposição das idéias; todavia considerava um erro *hipostasiar* essa separação. As referências principais ao ensaio são as seguintes: *sua natureza aberta*, o reconhecimento da não-identidade entre pensamento e objeto, entre o sujeito e o objeto, entre *o modo de expor e o objeto*, sua natureza fragmentária que não é contrária à busca da totalidade, a presença de teorias e conceitos, o esforço para *abrir* o que há de *opaco* nos objetos, a própria organização textual deverá amarrar o que, às vezes, poderia parecer como solto, disperso, sua abertura aos dados novos da realidade, sua assistematicidade como crítica às formas fixas e consagradas da verdade, herdadas da filosofia tradicional. Também como Simmel ele reafirma a noção de tentativa e o caráter de excurso presentes no ensaio.

O ensaio é também crítico, não conformista (embora, segundo Adorno, o mau ensaio seja *tão conformista* quanto as dissertações), exerce sua liberdade e questiona o *status quo* da maquinaria cultural do êxito e do mercado (1986:17). Recusar toda noção de que o ensaio é carente de positividade é essencial para Adorno.

Tanto Simmel quanto Adorno vinculam a forma ensaio à escrita filosófica. Ambos produziram e transitaram nas áreas de filosofia e sociologia, esta última sempre mais avessa a tal gênero textual.

2. O ensaio na cultura brasileira

Caso algum incauto se interesse em conhecer os debates ou possíveis reflexões sobre a presença do ensaio como gênero na cultura brasileira, apenas encontrará poucas e superficiais referências. Algumas foram produzidas e se constituíram em críticas à utilização do mesmo como instrumento frágil para apresentar textos que tivessem ambição científica. Houve também quem elogiasse ou apenas constatasse que o ensaio é o gênero textual mais utilizado nas áreas de Filosofia, História, Ciência Política, Crítica Literária, Pedagogia, Ciências Sociais etc.

Intrigam-nos os motivos da ausência de reflexão sobre a predominância do ensaio na cena intelectual brasileira. Mesmo aqueles que se preocuparam com a forma não se entusiasmaram em analisar a escolha do ensaio (excluindo, é claro, o campo ficcional) como o destino para apresentar idéias e interpretações sobre o Brasil.

A crítica ao ensaísmo foi introduzida no primeiro lustro da década de 1950 (salvo engano), quando o mesmo já havia se incorporado na tradição intelectual de vários campos do conhecimento: filosofia, história, publicismo político etc. Isso significava que o ensaio tinha se tornado usual e, portanto, legítimo, como forma de organizar, expor e criticar idéias, certas teorias, conceitos e interpretações.

Florestan Fernandes pesou a mão contra o ensaísmo (1980)[3] quando defendeu uma oposição rígida entre o ensaio e o conhecimento científico. A posição de Florestan representava a necessidade de afirmação da Sociologia como disciplina científica e que deveria produzir um saber positivo. Para alcançar tal fim, seria necessária a realização de um esforço para treinar os futuros sociólogos na constituição de um *padrão de trabalho intelectual*, visando produzir um *saber positivo*. O trabalho acadêmico, realizado na universidade, deveria ser a consagração do saber especializado e cada ciência operaria com métodos, técnicas e cânones específicos.

O ensaio praticado por intelectuais ligados, principalmente, ao pré-modernismo, poderia até abrir caminhos para estudos posteriores, mas era muito limitado porque, segundo o que Florestan pensava naquele momento, *funda-se no aproveitamento superficial dos ensinamentos de alguns autores clássicos nas Ciências Sociais* (ibid.:63). Outro procedimento deveras danoso para o avanço na direção à *ciência positiva* prendia-se à recorrente e exclusiva utilização da *explicação histórica* confundida como explicação sociológica. Faltava empiria, treinamento com métodos sofisticados, técnicas adequadas à leitura dos clássicos, enfim, à ciência, no ensaísmo brasileiro.

Florestan avançaria, identificando um timbre aristocrático no ensaio.[4]

---

3. O texto foi publicado originalmente em 1958.

4. Não nos interessa aqui criticar Florestan Fernandes, inclusive porque suas duas últimas décadas de produção intelectual foram caracterizadas, quanto ao gênero textual, pela produção de importantes ensaios.

Reconhecemos que a institucionalização da universidade é acompanhada, infelizmente, pela especialização demasiada dos campos de conhecimento, e cada nova especialidade precisa legitimar procedimentos singulares para a realização de conhecimentos científicos e delimitar, portanto, métodos e técnicas adequadas e, necessariamente singulares, que a justifiquem (a especialidade) como imprescindível.

No balanço realizado por Afrânio Coutinho (1986) sobre a presença do ensaio na cultura brasileira, encontraremos certas reflexões estimulantes e que enfatizam uma forma brasileira de utilizar o ensaio. O autor inicia a discussão remetendo o termo ao seu sentido etimológico de *inacabamento, experiência, tentativa;* chama atenção para as dimensões do mesmo, qualificando-o como breve, curto; avança ainda para qualificar sua ambição interpretativa, sua dimensão subjetiva.

Coutinho, em certa passagem, procurou definir qual é a essência do ensaio e que merece ser citada

> *[...] Reside em sua relação com a palavra falada e com a elocução oral, como se depreende do estudo estilístico dos grandes ensaístas [...] É o estilo que marcha a passo com o pensamento e o traduz, como um orador, sem nenhum intervalo, diretamente, do pensamento à palavra* (ibid.:118, grifo nosso).

O destaque para o trecho supracitado relaciona-se diretamente à característica singular de que este gênero textual foi dotado no Brasil. Para o crítico baiano, o ensaio incorporou-se definitivamente à cultura brasileira, não no sentido clássico de *tentativa*, mas tornando-se a forma normal paradigmática dos estudos históricos, filosóficos, políticos, literários, pedagógicos etc.

O crítico literário, Antônio Cândido, produziu opiniões muito próximas das de Afrânio Coutinho. Estudando o período modernista, Cândido observava que era *característica dessa geração (modernista) o fato de toda ela tender para o ensaio* (1985:123). O autor incluía todas as áreas de estudo e afirmava a existência de uma continuidade com autores pré-modernistas e exemplificava declinando os nomes de Euclides da Cunha, Sílvio Romero e Nina Rodrigues. Mais adiante sublinhava que o ensaísmo *constitui o traço mais característico e original do nosso pensamento* (ibid.:131).

Da explicação apresentada por Afrânio Coutinho sobre a predominância do ensaio, depreende-se que o mesmo só foi incorporado como gênero textual pelos intelectuais brasileiros devido à decisiva presença da cultura oral no Brasil. Um deficiente sistema educacional e a presença tardia da universidade poderiam justificar tal escolha. Pode ser. Esta abordagem tem algum parentesco com aquela apresentada por Florestan Fernandes.

Antônio Cândido enfatiza que o ensaio predomina em função de uma escolha dos modernistas, preocupados em interpretar o Brasil e, portanto, produzir *sínteses* que possibilitavam, inclusive, recuperar certos autores vinculados ao pré-modernismo.

As hipóteses supracitadas, embora insuficientes segundo nossa opinião, devem ser tomadas a sério e exploradas com atenção.

Gostaríamos de agregar outras hipóteses sobre a utilização quase exclusiva do ensaio nos períodos pré-modernista e modernista.

Não nos parece que o ensaio histórico-sociológico (assim nos referiremos ao tipo de ensaio praticado nos períodos anteriormente citados) seja uma manifestação tipicamente modernista, mas evidencia que foi um prolongamento do que havia sido realizado desde o início do século XIX. Em ambos os períodos houve uma obsessão por interpretar o Brasil a partir da escolha de temas e problemas comuns, posto que no período modernista foram modificados, ou melhor, ampliados os recursos à disposição para pesquisas, propiciando uma maior liberdade textual, um sentido mais gregário dos intelectuais e a incorporação de novos cânones.[5]

Parece-nos que o ensaio continua sendo o gênero textual utilizado pelos modernistas, também porque os mesmos continuarão convivendo durante certo tempo com alguns representantes pré-modernos e mesmo simbolistas, pelo menos até o final da década de 1930. Graça Aranha, *animador* e entusiasta da Semana de Arte Moderna e do modernismo, desenvolveu temas, estilos e preocupações em que os vários períodos culturais mencionados se *acomodavam*. Ensaístas que iniciaram suas produções, após 1922, receberam vários estímulos de obras do período precedente, mesmo aqueles considerados como iniciadores de uma nova etapa do ensaísmo: Gilberto Freyre, Sérgio Buarque de Holanda e Caio Prado Jr.

---

5. Heloísa Pontes (1989) amplia o registro quando afirma que o esforço interpretativo teve origem na geração modernizadora de 1870.

Tanto os ensaístas do pré-modernismo quanto os modernistas tinham uma preocupação maior com o sentido da interpretação, com certa maneira cultivada de escrever (com ênfases diferentes, obviamente), do que com o tipo de organização ou gênero textual.

Talvez o ensaio esteja mais identificado com o modernismo em razão do surto da indústria editorial, pesquisado por Salgado (1995) e Pontes (1989), que acolheu e privilegiou o ensaísmo histórico-sociológico em seus catálogos, ao mesmo tempo que formava um público para as obras que buscavam interpretar o Brasil. As editoras, é preciso sublinhar, não publicavam apenas as obras dos modernistas.

O ensaio, desde o pré-modernismo, não se caracterizou por obedecer a qualquer convenção. Pode ser curto ou longo, incluir pesquisas empíricas ou não, pode explicitar métodos ou teorias, preocupar-se com a sistematização. Enfim, mesmo que não seja nosso objetivo aqui tratar do ensaísmo atual, pensamos que a identidade do ensaio, no Brasil, é sua completa diversidade formal e também quanto ao conteúdo.

O aparecimento das universidades intensifica a demanda por outros gêneros textuais, mas não retirará do ensaio o *status* de ser ainda a forma mais cultivada de expressão de idéias e interpretações sobre os campos mais variados do conhecimento. O ensaísta convive com certo estigma advindo dos meios acadêmicos, com um desprezo que se mistura à admiração e ao desejo dos mesmos de escrever, algum dia, um ensaio que o torne conhecido e reconhecido publicamente.

Capítulo II

1. O ensaio no pré-modernismo

Nosso objetivo neste item será iluminar algumas questões sobre os ensaios histórico-sociológicos produzidos nesse período cultural. Não nos preocuparemos com discussões sobre a produção ficcional; embora não tenhamos qualquer fobia quanto a utilizar fatores extratextuais para compreender aspectos decisivos das obras produzidas, não nos deteremos em traçar um painel histórico do período. Nossa intenção é caracterizar sumariamente o ensaísmo pré-modernista para, discriminando os temas, os autores e as diferentes interpretações sobre o Brasil, demonstrar uma fisionomia própria à produção ensaística pré-moderna.

O termo pré-modernismo, não obstante ainda perdurar alguns contornos pouco nítidos, firmou-se como um *período cultural* no conjunto do pensamento brasileiro, particularmente quando se destaca o campo da criação literária. Oprimido entre a herança parnasiana e a Semana de Arte Moderna, traves que a cultura média utilizou para demarcar a pré e a história da cultura brasileira, o pré-modernismo, na verdade, abrigou a produção de importantes intelectuais nos campos mais diversos do conhecimento. Entre eles, historiadores, poetas, críticos literários, romancistas, críticos da cultura e juristas.

Quando cunhou o termo pré-modernismo, em 1939, Alceu Amoroso Lima pretendeu sublinhar a existência de obras literárias, especialmente o romance, que escapavam à simples caracterização como pertencentes ao simbolismo ou ao modernismo. O mal-estar, a inadequação, a ausência de critérios justos ou de fisionomia estética própria não proporcionavam ao crítico em questão facilidade na caracterização dos livros escritos por Euclides da Cunha, Lima Barreto, Afonso Arinos, Bernardo Guimarães ou Augusto dos Anjos.

Amoroso Lima chamou tal período de *nacionalista ou eclético* porque, em primeiro lugar, a literatura do período (principalmente a prosa) expressava evidente sentimento *nativista* e o ecletismo seria debitado à *coexistência de simbolistas, parnasianos* e de alguns escritores que avançariam até o modernismo (1957:61).

Os escritores pré-modernos escapavam pelo estilo, pelo tema e pela ênfase — não pelo gênero literário — aos contornos de uma literatura anteriormente produzida, embora a pena de Amoroso Lima não explorasse com profundidade o que ele verificava como novidade.

Coube a Alfredo Bosi aceitar e, principalmente, ampliar e potencializar o pré-modernismo como um momento particular da história da cultura brasileira. Para Bosi tal período revestia-se de *um sentido forte de precedência temática e formal em relação à literatura modernista* (1966:11).

O crítico paulista, contudo, apontava também que aquilo que Amoroso Lima chamava de *ecletismo*, na medida em que os escritores desse período traziam influências da cultura realista-parnasiana, concluía, portanto, que em tal fase de transição (pré-modernismo) elementos conservadores e inovadores podiam ser observados nas obras então produzidas.

Alfredo Bosi incorporou também ao pré-modernismo escritores que se dedicavam ao ensaio histórico, ao publicismo político e à sociologia *em ato*, na feliz expressão de Alberto Guerreiro Ramos, autores entre os quais Gilberto Amado, Alberto Torres, Oliveira Vianna, João Ribeiro, Vicente Licínio Cardoso, Sílvio Romero, Jackson de Figueiredo e Rui Barbosa.

O período pré-moderno teve recompensado o seu *déficit* poético pelas novas abordagens sobre o fenômeno brasileiro e pelo aparecimento de obras mais ambiciosas no sentido de interpretação da realidade brasileira do período em questão e que tiveram profundas repercussões na produção intelectual brasileira, universitária ou não, até a década de 1960.

O ensaísmo de interpretação nacional do período compreendido do início do século XIX até a Revolução de 1930, para além do diagnóstico dos problemas brasileiros, terá como *leitmotiv* a preocupação com a modernização do país, embora o vocabulário utilizado pelos intelectuais do período não incorporasse tal conceito, criado posteriormente pela sociologia acadêmica norte-americana.

As visadas dos intelectuais pré-modernistas, particularmente dos ensaístas, consideradas ecléticas por Alceu Amoroso Lima, utilizavam recursos e estratégias diversas para elaborar suas obras e, além da orientação nacionalista, outra característica os aproximaria dos modernos: a despreocupação com o aspecto formal da exposição, a recusa da ênfase no vocábulo raro, numa prosa destituída de preocupações literárias e ambições de revolucionar a língua portuguesa. Vários desses autores, por exemplo, Alberto Torres, incorporavam nos seus livros artigos publicados em jornais; Lima Barreto, quando se prolongava em intérprete dos problemas brasileiros, outro.

A despreocupação com a forma não quer dizer desleixo com o texto ou a utilização pouco imaginativa da língua. Gilberto Amado ainda pode ser considerado um de nossos melhores escritores, especialmente porque a clareza, a imaginação, as intuições, a cultura eram presenças constantes em textos nos quais a língua portuguesa alcançava qualidade superior.

O ensaísmo interpretativo pré-modernista apontava, claramente, a insatisfação com o período republicano, ou melhor, o acúmulo de erros seculares e que não teve na República mudança de rumos; menos por convicções monarquistas, mais pela ausência de qualquer iniciativa do novo regime que sinalizasse a construção de uma etapa inédita na história do país. Criar algo novo estava relacionado a enfrentar problemas que se manifestaram desde o início da colonização do Brasil e que se encontravam distribuídos tanto no âmbito da sociedade quanto do Estado.

As recorrentes tematizações sobre a questão racial, o meio, o clima e a ausência de educação formal objetivavam mostrar as carências do pólo sociedade; o parasitismo, o egoísmo, a inobjetividade, o arcaísmo, a ausência de projetos salvacionistas e a ausência de simpatia com o contexto nacional, eram os qualificativos utilizados para enquadrar o pólo Estado, quer dizer, a elite brasileira.

Trabalhando isoladamente, produzindo uma cultura à revelia do mundo oficial[1], esses intelectuais não convencionaram um padrão do que seria produzir um texto científico, não se preocupavam em estabelecer formas consensuais de pesquisa, organização e escrita dos seus ensaios; eles estavam, de fato, criando um saber sobre o Brasil a partir de uma tradição quantitativa e qualitativamente modesta de reflexão sobre os problemas brasileiros, o que não era pouco; mas tal situação, muitas vezes, foi ignorada, o que permitiu que ao longo do século XX eles fossem descartados como pré-científicos, desprovidos de legitimidade intelectual.

Considerando-se missionários como nos mostrou Sevcenko (1989), entre outros, confiavam plenamente numa relação direta entre a produção de idéias e a transformação da realidade, daí o tom dramático na defesa de suas teses. O salvacionismo deveria estar destituído de metáforas, humor, preocupações com o estilo.

A obsessão desses intelectuais repousava na crítica à evidente separação entre as idéias e a realidade. Quase todos eles escreveram sobre os terríveis efeitos desses procedimentos. Esse divórcio ganhava contornos trágicos porque era sempre praticado pelas elites políticas, estava presente na tradição intelectual brasileira e por-

1. De acordo com Franklin de Oliveira tal fato caracteriza grande parte da história da cultura brasileira.

que tais intelectuais acreditavam que a teoria *certa* poderia salvar o Brasil; assim, as qualificações, como "inobjetividade" dos intelectuais, "divórcio" entre as idéias e a realidade, "irrealismo" etc., pretendiam mostrar não apenas certas deficiências dos produtores de idéias, porém, principalmente, concluir que todos os erros deste nosso mundo foram originados e repropostos por vício de ordem intelectual a que escritores e políticos não poderiam fugir, mas que deveria ser denunciado e colocado como um primeiro desafio a ser superado: produzir idéias que correspondessem fielmente à realidade brasileira.

Na medida em que a preocupação deste ensaio não é privilegiar o pré-modernismo como tema, apenas esclarecer os fundamentos, as preocupações e as principais realizações dos ensaístas daquele período, indicaremos o que nele se produziu de essencial, aquilo que não foi *apenas* antecipação do modernismo, mas que imprimiu como conquista o esquadrinhamento de problemas que teimam, ainda hoje, em aparecer como objetos de pesquisas e ensaios.

Os temas da raça, da organização nacional, da integração nacional, dos efeitos da colonização, da criação da consciência nacional, os problemas da nossa cultura ornamental, da nossa inobjetividade, da necessidade de organizar o trabalho, de criar um sistema educacional, da exploração estrangeira, da criação de um Estado nacional, foram objetos das preocupações de Euclides da Cunha, Sílvio Romero, Alberto Torres, Manoel Bomfim, Gilberto Amado, Oliveira Vianna, Monteiro Lobato.

Com freqüência os intelectuais daquele período são duramente criticados porque incorporaram teorias criadas por autores estrangeiros para explicar as mazelas e as qualidades nacionais. Tais teorias destacavam fatores monocausais, como o clima, o meio geográfico, a raça, a cultura, às metáforas orgânicas.

A ausência de recurso a fontes primárias, abusando, portanto, da intuição e do impressionismo, compunha, junto com os procedimentos críticos acima mencionados, o repertório da quase deslegitimização dos ensaístas do período.

A maioria dos intelectuais supracitados era formada em Direito, alguns ocuparam cargos políticos (o que não fez esmaecer seus inconformismos em relação aos problemas brasileiros). A alta sensibilidade política desses intelectuais, observada na busca pela transformação da realidade, ou simplesmente para elegê-la como objeto de estudo, e mesmo na luta para ocupar papéis formais na estrutura do Estado, é traço marcante e ímpar do período aqui estudado.

O conhecimento da elite política do primeiro quartel do século XX era realizado por dentro, a partir das experiências pessoais nos cargos ocupados.[2]

Encontramos também alguns ensaístas cuja preocupação foi apenas fazer uma revisão crítica quanto a fatos, particularmente quanto à elucidação de datas, estabeleci-

---

2. Alguns exemplos: Alberto Torres foi presidente de Estado, ministro do Supremo Tribunal Federal (entre outros cargos que ocupou), Gilberto Amado foi senador, Sílvio Romero foi promotor e deputado provincial.

mento dos contornos precisos de certos personagens, atualização de textos produzidos no século XIX, descoberta da autoria de documentos e livros que datavam do século XVII e seguintes. Trabalho meritório, reconhecemos, embora limitados, especialmente porque realizados num momento em que a produção ensaística dos pré-modernos, em sua maioria, tinha uma ambição interpretativa.

Dos representantes de tal corrente, os mais eminentes foram Capistrano de Abreu, Rodolfo Garcia e Oliveira Lima.

A inclusão dos ensaístas até aqui citados como integrantes do pré-modernismo não tem a intenção de propor a existência de grupos ou escolas; na verdade, tais ensaístas trabalhavam isoladamente, embora alguns deles mantivessem relações de amizade. O que desejamos sublinhar é que eles não estabeleceram padrões estilísticos ou temáticos comuns ou se organizaram em grupos como, por exemplo, os parnasianos e os simbolistas. A nota singular era que cada intelectual trabalhava de forma independente.

Como quase toda demarcação cronológica de períodos culturais está sujeita a critérios às vezes arbitrários, vários dos intelectuais, particularmente aqueles ligados ao campo não ficcional, conviverão com o modernismo, não propriamente participando de grupos ou vanguardas modernistas, mas publicando e polemizando sobre temas e autores.

2. O modernismo

O tratamento desse período cultural obedecerá às mesmas orientações observadas no estudo do pré-modernismo. O amplo painel histórico do período será descartado apenas para nos concentramos no estudo dos traços principais do ensaísmo histórico-sociológico modernista.

A ênfase será dada ao estudo do ensaísmo de interpretação nacional produzido no âmbito do movimento modernista.

A produção de interpretações sobre a *Semana de Arte Moderna*[3] e o modernismo já alcançou, tanto quantitativa quanto qualitativamente, um estado de sofisticação tal que nos permite avaliar, com segurança, as realizações, o alcance, a influência, os fracassos de ambos na história da cultura brasileira.

A reconstrução das origens da Semana de Arte Moderna bem como o seu desenvolvimento já estão plenamente estabelecidos em livros seguros, de sólida pesquisa histórica. As interpretações sobre a mesma confluem para certas conclusões: o seu financiamento e apoio por parte da elite paulista, o reduzido apoio e comparecimento de populares, a nota de escândalo que representou para certo público, o ponto de partida para as futuras realizações no campo da literatura brasileira.

A Semana, como marco zero do movimento modernista, como definidora dos rumos do movimento que se seguiu, não goza, atualmente, de popularidade entre a maioria dos críticos. Os próprios participantes e organizadores já a consideravam um episódio menor diante do que se seguiu, ou seja, daquilo que, estimulado por tal

---

3. A Semana de Arte Moderna ocorreu nos dias 13, 15, e 17 de fevereiro de 1922.

acontecimento social, passou a constituir uma preocupação construtiva: a elaboração de uma cultura brasileira em novas bases.

Aqueles críticos que estudaram o modernismo vinculando-o, diretamente, ao que ocorreu na Semana capturaram apenas aquilo de que se rotulou o tal período cultural, como um movimento destrutivo no plano cultural brasileiro, como um discurso de negação a todo o passado brasileiro (não apenas quanto à cultura) e, particularmente, na literatura, promoveram a deslegitimação do parnasianismo e do simbolismo por representarem uma produção literária colonizada, presa a convenções estilísticas destituídas de criatividade, de ausência de simpatia com o dado nacional, enfim, de repetição de formas caducas que veiculavam temas privados de sentido para o Brasil.

O fato de os primeiros modernistas renegarem quase todos os escritores antecedentes fez com que os críticos que detratavam a Semana buscassem recuperar os escritores parnasianos, simbolistas e os pré-modernos, para mostrar o quanto esses escritores influenciaram as pretensas novidades produzidas em 22 e nos anos seguintes. É a tese do *modernismo momento*, que pesa, demasiadamente, o lado destrutivo e que, segundo Merquior (1983), é equivocada porque omite, sem justificar, a produção, por exemplo, de Carlos Drummond de Andrade e o *social-regionalismo nordestino*.

Os críticos que se apegam excessivamente ao aspecto apenas destrutivo do modernismo se encontram com outros como Bosi (1988:115), que estão atentos a aspectos construtivos, quando observam que, a despeito de uma preocupação com a modernização da linguagem, expressa em manifestos, prefácios, entrevistas, cartas, poesias dos primeiros modernistas, a presença de certo neo-romantismo e de influências simbolistas nos mesmos é reconhecível. Por exemplo, em carta a Câmara Cascudo enviada em 26 de setembro de 1924, Mário de Andrade (1991:33) confessava que em seu livro, *Paulicéia desvairada, [...] Há muito parnasianismo, muito simbolismo, muita idéia literária oculta.*

O *primitivismo temático* ou *primitivismo radical e culto,* no dizer de Bosi (1988:119), a que se dedicaram Oswald de Andrade, Mário de Andrade, Cassiano Ricardo, Raul Bopp, Alcântara Machado, em que o Brasil era capitulado a partir de mitos e símbolos, especialmente ligados à Amazônia, seria uma clara manifestação da presença de temas e de certos traços estilísticos do romantismo. Acrescente-se, para uma observação que consideramos justa, concordando com Merquior (1983:103), que o modernismo *nunca se entregou a um primitivismo formal intensificado.*

As observações acima sobre as influências recebidas pelos modernistas[4] nos remetem ao tema da diversidade estilística e temática encontrada no âmbito do movimento.

---

4. A questão da influência tem preocupado os críticos literários. Não nos caberá qualquer desenvolvimento teórico sobre tal questão e nos cabe apenas registrar que a mesma merece um tratamento de maior fôlego do que aqui foi dispensado. Sobre o tema da influência será útil a consulta da Bloom (1991), Nestrovski (1992) e Renza (1995).

Alfredo Bosi (1988) observou, com perspicácia, que a proposta da Semana de Arte Moderna era abolir a *República Velha das Letras*, mesmo que cada escritor da fase heróica do modernismo tenha procurado meios próprios de expressão e fontes de inspiração internacionais (futurismo, vanguardas históricas) e nacionais variadas, como sublinhamos em parágrafos anteriores.

Erro muitas vezes cometido foi enfatizar uma homogeneidade estilística e temática nos primeiros modernistas e nos que se seguiram nas décadas posteriores, mesmo reconhecendo que os modernistas, ao contrário dos pré-modernistas, tivessem uma dinâmica mais gregária, convivendo em grupos variados, formados ao longo da década de 1920 e após.

A questão nuclear do modernismo foi resumida por Sérgio Buarque de Holanda (1968:105)[5] quando afirmou que o movimento modernista facilitou o aparecimento de novas formas de expressão e criou um ambiente propício a toda experiência no terreno artístico. O eminente historiador e partícipe da primeira fase do movimento acrescentou, ao afirmar que cada um, isoladamente, procurava manifestar, como podia, suas tendências.

A modernização, a atualização dos meios de expressão, a busca de uma ruptura com o convencionalismo do *bem escrever*, a liberdade para buscar uma literatura, ensaio, crítica literária, pintura, escultura, música, baseada em novos materiais, temas, princípios estéticos e no uso sem recalques lusitanos da língua portuguesa, foram im-

5. Na entrevista concedida em 1º/07/1945.

portantes serviços prestados pelos modernistas. Acreditamos, a partir do que foi acima exposto, que a caracterização do modernismo como um movimento cultural impulsionador de uma mudança no plano das idéias e, por isso, não inclui apenas a produção ficcional.

Para Mário de Andrade o modernismo trouxe como *novidade fundamental* o que ele chamou de os três princípios que, aglutinados, trabalharam no sentido de impor uma dinâmica construtiva: *o direito permanente à pesquisa estética; a atualização da inteligência artística brasileira; a estabilização de uma consciência criadora nacional*.

O desafio era tremendo e exigia dedicação, imaginação criadora, ânimo para as inúmeras polêmicas e reações dos recalcitrantes e também daqueles que foram injustamente atingidos. São freqüentes as cartas enviadas por Mário de Andrade confessando que eles (os modernistas) tinham iniciado um processo de renovação e que, naquele momento, ele precisava se desdobrar no estudo da música, do folclore, da poesia e da prosa e imprimir o traço modernista a tudo. Era preciso, naquele momento, criar uma tradição modernista, uma visada própria de todos os fenômenos ligados à arte e à literatura.

As realizações de Oswald de Andrade, que, segundo Pignatari (1998:80), foi o *elemento de radicalidade do processo* modernista, autor de *Memórias sentimentais de João Miramar*, lançado em 1923, passando pelos manifestos e os poemas, ocuparam um lugar muito particular no movimento. Sua fortuna crítica, ainda que predominantemente eleja mais a personagem que as realizações literárias, aponta as qualidades de realizador e polemista, mas destaca seu isolamento e mudanças bruscas quanto ao ideário político e à direção de sua obra literária.

A antropofagia oswaldiana pretendia ligar a pesquisa com a linguagem à recuperação da cultura brasileira, ou seja, separá-la dos traços que a colonização e o culto da mesma por escritores brasileiros fizeram resultar em ampla perturbação de seu sentido libertário e telúrico, de sua originalidade nativa.

Seja como for, o poema piada, telegráfico, o culto da velocidade, a explosão da sintaxe, o elogio da cultura oral, a aposta no texto imaginativo, aliado a certas características pessoais, tornaram Oswald um escritor isolado no movimento e daqueles que simpatizavam com o mesmo. A recorrência ao lado destrutivo do modernismo (e da Semana) sempre se fez, tendo as atenções voltadas para a obra oswaldiana.

Acreditamos, contudo, que esse escritor de talento singular ficou marcado pelo cisma no interior do movimento modernista, como sendo o principal responsável pelo mesmo. O trabalho dos amigos de Mário de Andrade para apagar as realizações de Oswald funcionou durante muito tempo, mas resultou inútil. Nele também se manifestou o talento criador de alta voltagem ficcional.

O que ficou como ímpeto construtivo, até os dias atuais, segundo os críticos, refere-se, injustamente, apenas às obras e às preocupações de Mário de Andrade. A injustiça não se refere a destacar a seminal participação de Mário na criação do modernismo, com suas obras e dedicação à pesquisa sobre a cultura brasileira nos campos mais diversos (aquele que, certamente, avançou em maior número de temas como crítico e criador), todavia em anular as contribuições de outros escritores e artistas do período.

No capítulo das relações entre o modernismo e a política muitos preferem reduzir as mesmas à conferência proferida por Mário de Andrade, em 1942, na Casa do Estudante, quando o escritor confessava o seu *Hiperindividualismo implacável* e de muitos companheiros do movimento, o traço deletério de um nacionalismo conformista, o desinteresse diante da vida e concluía afirmando: *uma coisa não ajudamos verdadeiramente, duma coisa não participamos: o melhoramento político-social do homem* (1974:255).

Não encontraremos nos escritores modernistas (romancistas e poetas) referências importantes sobre a política ou acerca de algumas preocupações normativas quanto ao tipo de governo ou estrutura de participação política adequada a determinados valores. É certo que o social-regionalismo nordestino documentou mazelas sociais e políticas brasileiras; todavia, como indicamos, apenas documentaram. As preocupações interpretativas sobre a política constarão como realização superior somente no ensaísmo *histórico-sociológico* modernista, que, inclusive, utilizará os autores pré-modernistas livremente, recuperando os temas e algumas soluções propostas (em campos variados) pelos ensaístas do período.

Os modernistas não estavam alheios ao ambiente político brasileiro, é certo. Franklin de Oliveira, comentando criticamente as relações entre os mesmos e a política (1993:25), destacou a ausência de um comportamento político com orientações ideologicamente muito definidas, pontuando o distanciamento dos modernistas em relação à greve ocorrida em São Paulo, em 1917, e o apoio de Oswald a Júlio Prestes na campanha presidencial de 1930.

A indefinição ideológica também pode ser constatada quando observamos que vários modernistas apoiaram a Revolução de 1930 e ocuparam postos no governo instalado após o 3 de outubro de 1930.[6] Mário de Andrade, no entanto, participou da Revolta Constitucionalista de 1932 e depois ocupou certas posições no âmbito do governo federal.

O crítico Silviano Santiago (1989:80) defendeu que havia no modernismo um apelo a um governo revolucionário e autoritário: *convivência no autoritarismo, consenso no projeto cultural. Mãos dadas: política e arte, modernismo e Estado Novo.*

A recorrência ao termo nacionalismo por parte dos modernistas, de sentido político evidente, se fez a partir de significados tão diversos que não podemos indicar sua associação a um projeto político definido e coerente. A identificação com o período getulista, todo ele, é evidente por parte de alguns. Um nacionalismo vinculado à pesquisa estética que se prolongasse numa visão do nacionalismo como conceito econômico, como viu Lopez (1972:212) no percurso de Mário de Andrade, pode ser verossímil, como também o é a dissolução de qualquer preocupação com o nacionalismo por muitos modernistas do campo literário ao longo dos anos 30, 40 e 50.

---

6. Sobre essa questão os trabalhos de Miceli são imprescindíveis.

O trabalho rigoroso com o conceito de nacionalismo, e de sua incorporação ao ideário político, ficará mais para o ensaísmo modernista, cujo tratamento mais detido será encontrado em outro capítulo deste livro.

A identidade nacional, também tema de preocupações estéticas e culturais, nos parece, carecerá de formulações mais rigorosas, de trabalho mais detido, de imaginação aliada a pesquisas mais sérias. O legado não é apenas uma visão de identidade instável e superficial, mas também de algumas opiniões que deram suporte a formulações autoritárias e colonizadas.

3. Ensaísmo histórico-sociológico modernista

Causa espanto o fato de que os principais ensaístas da geração modernista (para nós serão compreendidos aqueles que, tendo iniciado sua produção após 1922, continuaram a publicar textos com ambição interpretativa nas décadas seguintes), ao produzirem avaliações sobre suas obras e atividades, pouco enfatizam as influências que receberam do modernismo.

Gilberto Freyre (1968), Sérgio Buarque de Holanda (1979) e Nelson Werneck Sodré (1965:1970), se bem que registrassem o impacto que o movimento teve na cultura brasileira, não creditam ao mesmo as orientações que eles tomaram para a confecção de suas interpretações sobre o Brasil. Esses autores refletiram os valores, os estilos, a linguagem que utilizaram em suas obras e todos, sem exceção, reafirmaram a importância do uso consciente da língua, do cuidado com os meios de expressão, da necessidade de se pensar o texto também como forma. Caio Prado Júnior (tanto quanto sabemos) nunca produziu qualquer texto em que analisasse sua obra enquanto escritor, de qualquer ângulo. Apontado, com toda justiça, como autor de ruptura, precursor da primeira análise fundamentada no materialismo histórico, foi, todavia, se comparado Freyre, Sérgio Buarque e Sodré, aquele cujos horizontes temáticos eram mais restritos.

A preocupação com o *ofício de escritor* (que nos remete ao título de um livro de Sodré), comum nos ensaístas pioneiros, é, certamente, uma preocupação modernista e resultado dos questionamentos aos textos parnasianos e simbolistas feitos desde 1922.

É comum na preocupação desses escritores não escreverem livros para serem lidos apenas por outros escritores, pois os mesmos só se realizam à medida que se comunicam com um público mais amplo. Clareza, no entanto, é parte integrante de algo maior, que é o pleno domínio da língua, que deveria servir para liberar o ensaísta da utilização da mesma sem cair no culto parnasiano do *bem escrever*. É quando o escritor conquista o padrão culto da língua que ele pode exercer a liberdade para inovar na escrita, procedimento que deveria ser utilizado para que as obras pudessem atingir também um público não especializado.

Estaríamos ainda apenas na questão do estilo, ao enfatizarmos a necessidade de clareza e comunicação? O movimento modernista reivindicou e expressou mudanças tanto nos motivos, conteúdos e temas, sobre a interpretação do Brasil e sua cultura, quanto na forma em que as mesmas deveriam ser tratadas. Embora não determinasse um padrão único na forma, daí as mais diversas soluções apresentadas nos campos ficcional e da não-ficção, houve o repúdio às fórmulas anteriores ao pré-modernismo.

O ensaísmo histórico-sociológico dos clássicos modernistas, em sua maioria, prendeu-se a interpretações sobre o Brasil, sobre o impacto de que tipo de colonização teve na configuração da *civilização brasileira*. Geralmente tais ensaios avançavam até o período da República Velha. As mais importantes obras de Gilberto Freyre, Sérgio Buarque de Holanda e Caio Prado Júnior não tematizaram o Brasil pós-1930 por motivos pouco explicitados. A exceção foi Nelson Werneck Sodré, que acompanhou de perto as transformações operadas pelos revolucionários de 1930 e que gerou o processo por ele denominado *Revolução Brasileira*.

No importante livro de Amaral Lapa (1976) sobre a historiografia brasileira contemporânea,[7] obra destituída de preconceitos e generosa ao abordar todas as gerações de historiadores que escreveram sobre a cultura brasileira e contribuíram para a sua formação, o autor discriminou, na divisão que fez das gerações de historiadores, aqueles que renovaram os estudos históricos no país, qualificando-os como modernistas, como historiadores profundamente identificados com aquele movimento de renovação literária e artística, cujo marco ini-

7. Que, na verdade, é um balanço do ensaísmo histórico-sociológico.

cial convencionou-se ter sido a Semana de Arte Moderna de 1922.[8]

Amaral Lapa iniciava mencionando que, entre as limitações da geração dos historiadores modernistas, estava a de que

> as suas lucubrações ficaram, muitas vezes no plano de especulação teórica — e esta crítica atinge também os demais cientistas sociais — que nem sempre descendo à realidade documental dos arquivos construiu um edifício historiográfico que agora vem apresentando goteiras e trincas, cujo conserto está justamente na investigação documental mais atenta e exaustiva e no tratamento das fontes (1976:71-72).

A seguir, o autor sublinhava que faltou aos historiadores modernistas uma infra-estrutura para que pudessem realizar suas obras escoradas em fontes documentais seguras e, por isso, as sínteses gerais realizadas por eles careciam (na década de 1970) de comprovação empírica e, portanto, estavam comprometidas quanto aos seus fundamentos.

Amaral Lapa, todavia, não deixaria de registrar as contribuições dos historiadores modernistas à produção dos estudos históricos, elencando os pontos positivos da produção dos mesmos: 1) valorização de novas fontes, algumas até então insuspeitas (Alcântara Machado, Gilberto

---

8. Divisão que consideramos, como já foi assinalado em outra parte deste livro, até certo ponto arbitrária, na medida em que focalizamos escritores como Lima Barreto ou ensaístas do porte de Gilberto Amado, profundamente identificados com uma renovação na forma e no conteúdo dos ensaios produzidos até a 2ª década do século XX.

Freyre etc.); 2) utilizando fontes já exploradas e temas já estudados, foram capazes de propor novas questões, reinterpretando o passado, chegando a conclusões diversas das que até então haviam sido consagradas (Buarque de Holanda, Werneck Sodré etc.); 3) promoção do estudo de novos temas, através de amplas reconstituições factuais, revelando impressionante massa de informações (Afonso Taunay, Alfredo Ellis Jr. etc.); 4) a realização do revisionismo factual contribuiu decisivamente para clarear passagens sem número da história do Brasil (Rodolfo Garcia [*sic*], Otávio Tarquínio de Souza, Edgard Carone etc.); 5) a descompartimentação da história do Brasil, desembaraçando-a da imposição dos limites geográficos no espaço e políticos no tempo; 6) a consideração da história global integrada e não apenas setorizada, aparecendo, inclusive, uma história geral do Brasil, elaborada com o concurso de cientistas de diferentes áreas do conhecimento, como também de grandes coleções de livros recolhendo temas de história do Brasil; 7) a teorização que encontramos em determinadas obras, então consideradas até mesmo como um certo arrojo; 8) a revalorização da temática brasileira, descrevendo, em termos mais realistas, o homem brasileiro, o caráter nacional brasileiro etc.; 9) a integração do Brasil na história geral, entrelaçando os fatos, buscando sincronismos possíveis (ibid.:73-74).

O autor procurou, a partir da caracterização daquela geração de historiadores, dividi-la em dois grupos (reconhecendo as contribuições dos mesmos); um primeiro ligado a uma história factual, embora revisionista, outro mais preocupado com a elaboração de esquemas interpretativos, esses últimos mais influenciados ou influenciando as idéias modernistas (*ibid.*).

A longa citação nos pareceu necessária porque o diagnóstico de Amaral Lapa nos oferece uma classificação interessante da geração de historiadores modernistas, como renovadora e mesmo instauradora de um padrão de produção intelectual em que as qualidades superaram as deficiências, mas, paradoxalmente, estas últimas seriam decisivas para o questionamento das obras desses historiadores a partir da década de 1970.

Não obstante a citação dos pontos positivos, ficamos sem saber quais foram as obras fundamentais então produzidas — além daquelas primeiras de Caio Prado Júnior, Gilberto Freyre e Sérgio Buarque de Holanda —, e que mereceriam ser consideradas obras seminais para a historiografia brasileira e quais opções metodológicas seriam as mais válidas para orientar as novas gerações, visando apurar cada vez mais o padrão qualitativo da historiografia pátria.

Em outro momento de seu livro, Amaral Lapa relacionou os quatro historiadores que representariam o ponto alto da geração dos historiadores modernistas ou da historiografia brasileira contemporânea: José Honório Rodrigues, Sérgio Buarque de Holanda, Nelson Werneck Sodré e Caio Prado Júnior. Em seguida, o autor enumerou os pontos comuns entre tais historiadores: a produção inicial dos mesmos concentrava-se no período colonial, expandindo-se depois para os períodos imperial e republicano, certa contribuição historiográfica, pouca ligação com a Universidade brasileira,[9] a pesquisa arquival atuou como complemento e não como fundamento para a elaboração da obra (sendo que Sodré foi aquele, entre os autores em pauta, que menos se utilizou do documento primário, segundo o autor) (cf. Copa, 1976:61).

O ensaio, ao que nos parece, acabou por se tornar o gênero textual adotado pelos modernistas, porque ele atendia a solicitações por liberdade de expressão, o desejo de produzir novas interpretações sobre o Brasil, a recusa de convenções passadistas, a nova sensibilidade crítica, a demanda de uma indústria editorial nascente e de um público cada mais estimulado pelas transformações operadas na política e na cultura.

Os modernistas, mesmo sem terem assumido o ensaio histórico-sociológico como destino a partir de reflexões profundas sobre sua adequação como veículo para expressar suas idéias, imprimiram nesse gênero textual tantas características novas que o expandiram a ponto de torná-lo quase indefinível. Esse tipo de ensaio só agora pode ser definido por oposição a outros gêneros textuais e recusa qualquer definição que apele para as suas características intrínsecas.

---

9. É interessante sublinhar que Amaral Lapa usou ainda como critério para escolher tais historiadores a influência que eles ainda exerciam sobre os estudantes e professores universitários e entre os historiadores. A aferição da influência que cada um exerceu foi precariamente fundamentada.

Capítulo III

1. Nelson Werneck Sodré: vida e obra

Nelson Werneck Sodré nasceu em 27 de abril de 1911, no estado do Rio de Janeiro, e faleceu em 1999, aos 87 anos, em Itu, no estado de São Paulo. Foi um dos mais prolíficos intelectuais que o país conheceu. Renovador dos estudos da História do Brasil e inovador na pesquisa e publicações de livros sobre temas pouco explorados (imprensa, militares, literatura brasileira, classes sociais etc.), ocupou um lugar de destaque no panorama cultural brasileiro do século XX. Publicou 58 livros e milhares de artigos espalhados em jornais e periódicos acadêmicos. Vários livros do eminente historiador ainda estão à disposição dos leitores interessados e as reedições de suas obras mais importantes são constantes.

As obras de Sodré fazem parte dos programas de muitos cursos de graduação e pós-graduação em Literatura Brasileira, História, Ciência Política, Sociologia e Geografia.

Na opinião de muitos, Sodré foi um dos intelectuais mais eruditos em nossa paisagem cultural, dominando todos os temas relacionados às ciências humanas. Vários de seus livros foram traduzidos para o espanhol, o polonês e o russo.

Estudou até 1922 no Ginásio Brasileiro (internato) e ingressou no Colégio Militar em 1924, mesmo não sendo de uma família com tradições militares.

Foi no Colégio Militar que Sodré encontrou o intelectual que marcou profundamente sua vida e o encaminhou para os estudos de história, o professor Isnard Dantas Barreto (Sodré, 1967:24-27), que lhe apresentou as obras de Lima Barreto e de alguns autores marxistas.

Desde cedo Sodré foi um leitor voraz e desordenado, como confessou em *Memórias de um escritor* (1970:10). Mesmo descartando o fator genético para explicar sua vida dedicada à leitura e ao ofício de escritor, a verdade é que ele descendia de uma família, tanto do lado paterno quanto do materno, de escritores: Raimundo Corrêa, Joaquim Manuel de Macedo, Odorico Mendes, Américo Werneck.

No Colégio Militar iniciou-se como escritor, publicando artigos, segundo ele, *cheios de ambição romântica e pessimismo*.

Em 1928, foi premiado em um concurso de contos promovido pela revista *O Cruzeiro* (dividindo o primeiro lugar com Guimarães Rosa). Abandonou logo depois, definitivamente, a ficção, julgando-se pouco capaz de produzir qualquer obra ficcional de mérito.

Ele continuou na vida militar. Em 1931 foi para a Escola Militar, tendo formado-se, em 1933, como oficial de artilharia.

Sodré, desde 1931, escrevia *rodapés literários* para o *Correio Paulistano*.

Em 1938, publicou seu primeiro livro, *História da literatura brasileira: seus fundamentos econômicos* (tendo sido o subtítulo modificado pelo editor. Na forma original, o subtítulo era *seus fundamentos materialistas*).

Até 1945, publicou os seguintes títulos: *Panorama do Segundo Império* (elogiado por Mário de Andrade), *Oeste, Orientações do pensamento brasileiro, Síntese do desenvolvimento literário no Brasil, Formação da sociedade brasileira, O que se deve ler para conhecer o Brasil.*

Sodré interrompeu a carreira de escritor para se dedicar à pesquisa da teoria marxista, sobre a qual julgava ter conhecimento insuficiente, só voltando a publicar livros 13 anos depois, com *Introdução à Revolução Brasileira*, em 1957.

Até o fim dos anos 1930 queria somente dedicar-se ao estudo, recusando a participação política.

Ele integrou o Conselho Editorial e publicou artigos na revista *Cultura Política*, patrocinada pelo DIP — Departamento de Imprensa e Propaganda. Depois, justificou tal participação atribuindo-a à ingenuidade política; embora, em seus escritos, reiteradamente, se caracterizasse como progressista e inconformado.

Como militar, tornou-se aspirante em 1934, passando a servir em Itu e em Jundiaí, sendo, posteriormente, transferido para Mato Grosso como ajudante de ordens do general José Pessoa.

Naquele estado encontrou a dura realidade do isolamento a que estava submetida toda a região e enfrentou desafios até então inéditos na sua vida, combatendo bandos armados e criminosos; também ali escreveu *Oeste*, a partir dos depoimentos de pessoas contemporâneas à Guerra do Paraguai.

Posteriormente, serviu em Salvador. E retornou ao Rio de Janeiro para cursar o EM — Estado-Maior. No estágio obrigatório após a conclusão do curso de EM, deslocou-se para São Paulo, escolhendo como tema de pesquisa o estudo das comunicações (rodovias, ferrovias e vias aquáticas).

Afirmou ter entrado em contato, pela primeira vez, com os mecanismos de atuação do imperialismo após estudar o transporte ferroviário, sobre o qual produziu estudos que foram aproveitados pelo governo paulista, tornando-se um especialista nessa área.

Após o fim da pesquisa (ainda como capitão), foi convidado para ser instrutor-adjunto da Escola de Estado Maior. Depois assumiria, como titular, a cadeira de História Militar (fato inédito para um capitão).

2. Participação no Clube Militar

No final de 1949, Sodré foi convidado a participar das eleições para a presidência do Clube Militar, na chapa dos generais Estillac Leal e Horta Barbosa, a chapa nacionalista, que defendia a solução do monopólio estatal do petróleo, apoiada pelo então candidato a presidente da República, Getúlio Vargas. Sodré, depois, explicaria que aderiu à chapa mediante a promessa de que, após as eleições, renunciaria ao cargo (divisão de cultura). Essa decisão de participar das eleições no Clube mudaria toda a sua vida e, mais tarde, resumiria tal opção com a justificativa de que fora um curso intensivo de política.

Estillac foi nomeado ministro da Guerra por Vargas; tendo sido, posteriormente, demitido. O mandato da chapa, absolutamente tumultuado, permitiu que os militares perdedores, ligados à União Democrática Nacional, conseguissem impor sucessivas derrotas políticas à diretoria então eleita.

Como resultado das seqüências de derrotas dos nacionalistas, Sodré foi punido (como de resto toda a diretoria do Clube Militar) com a transferência para Cruz Alta (RS). Lá permaneceu durante cinco anos, até ser também demitido da Escola de Estado Maior (sem os elogios protocolares).

3. O ISEB

No início de 1954, conheceu Guerreiro Ramos, que encomendou a Sodré dois trabalhos a serem apresentados no Instituto Brasileiro de Economia, Sociologia e Política (IBESP), cujos membros gravitavam em torno de Vargas e que se transformaria no ISEB.

Sodré deveria servir como elemento intermediário dos membros do IBESP (vários deles ligados ao governo eleito em 1950) com a área militar nacionalista, no contexto político que seria marcado pela instabilidade política que culminou no suicídio do presidente Getúlio Vargas

Criado em 1955, o ISEB transformou-se em centro de produção teórica de intelectuais não vinculados às universidades. Sodré ocuparia a direção do curso de Formação Histórica do Brasil e todas as obras do *ciclo revolucionário* seriam produzidas no período isebiano: *Introdução à Revolução Brasileira, Ideologia do colonialismo, História da burguesia brasileira, História militar do Brasil* e *Formação histórica do Brasil*, tendo ocorrido nesse período a terceira edição de *História da literatura brasileira*. As obras do ciclo revolucionário (excetuando as memórias) representam, de fato, o pensamento conclusivo do autor, especialmente a formulação do conceito de *revolução brasileira*.

O ISEB enfrentou defecções internas, críticas da direita e da Universidade de São Paulo e foi, progressivamente, perdendo as verbas governamentais e se isolando (segundo Sodré, se esquerdizando) até ser fechado no primeiro ato da ditadura implantada em março de 1964.

Durante esse período, Sodré escrevia também uma coluna no jornal *Última Hora* e outra para *O Semanário*.

O prêmio por participar da resistência contra aqueles que tentavam impedir a posse de João Goulart foi sua transferência para Belém (o que mostrava a debilidade político-militar do governo de presidente). Tinha, naquele momento, a patente de coronel (sempre promovido por antigüidade).

Considerando tal transferência uma ilegalidade, pediu passagem para a reserva. Por interferência de Jango, aguardou algum tempo; no entanto, o pedido de Jango — para anular a transferência — não se fazia obedecer e, por fim, não restou outra alternativa, senão consumar sua passagem para a reserva.

Sodré passou a dedicar-se exclusivamente ao ISEB, porém, naquele momento, o instituto já estava profundamente debilitado.

4. O golpe de 1964

Após o golpe, Sodré caiu na clandestinidade e foi preso (sem acusação formal) em Fernandópolis, interior de São Paulo, por um investigador do DOPS (Departamento de Ordem Política e Social) paulista.

Durante três meses, permaneceu preso no Forte de Copacabana e no Forte de Santa Cruz.

Sodré respondeu a cinco IPMs — Inquéritos Policial-Militares (alguns na insólita situação de testemunha e réu do mesmo processo). Perdeu dez anos de direitos políticos, suas obras foram censuradas, sua editora foi perseguida, seus assistentes presos e torturados.

A esquerda brasileira, em período de revisões e de profundas divisões internas, culpou o Partido Comunista Brasileiro e suas formulações, promovendo a versão de que seriam os responsáveis pelo golpe de 1964. Sodré, sem nunca ter ocupado postos de direção e nunca ter escrito sequer um documento para o partido, acabou sendo considerado o responsável intelectual pelos erros do PCB.

Desqualificar toda a obra de Sodré passou a ser o esporte preferido nas universidades (especialmente na USP). O ambiente era tão adverso a Sodré que ele, na visita à França, em 1968, para rever a filha, foi objeto de reprovações públicas, em Paris por parte de militantes comunistas e asilados políticos.

Em 1976, como resultado de perseguições e incompreensões de toda espécie, especialmente tendo sido censurado por certo editor, proibindo a publicação de um livro com o prefácio de Sodré, ele escreveu: *fui assassinado, em suma, como escritor*

Continuou a publicar livros nos anos 1970 e 1980: *O naturalismo no Brasil, Ofício de escritor: dialética da literatura, As razões da independência, Memórias de um soldado, Memórias de um escritor, Síntese da história da cultura brasileira, A Coluna Prestes, Oscar Niemeyer, A verdade sobre o ISEB, Vida e morte da ditadura, O tenentismo, A Intentona Comunista, O fascismo cotidiano, Literatura e história no Brasil contemporâneo, História e materialismo histórico no Brasil, Em defesa da cultura, Capitalismo e revolução burguesa no Brasil, O governo militar secreto;* nos anos 90, publicou: *A luta pela cultura, A ofensiva reacionária, A fúria de Calibã, A farsa do neoliberalismo* e *Tudo é política.*

5. O modernismo no ensaio de Nelson Werneck Sodré

> Quem toma posição, e sempre tomei, em todos os campos, sabe que vai receber apoio de uns e crítica de outros. É da natureza da vida intelectual. Agradar a todos é difícil. Há criaturas que se esforçam para isso e não sei como conseguem e se conseguem. Nunca alcancei essa tranqüila perfeição.

Em sua extensa e importante memorialística, composta pelos livros: *Memórias de um soldado* (1967b), *Memórias de um escritor* (1970), *A luta pela cultura* (1990), *O fascismo cotidiano* (1990b), *A ofensiva reacionária*

(1992), *A fúria de Calibã* (1994), Nelson Werneck Sodré compôs um largo painel da vida política e cultural do Brasil, inserindo neles sua narrativa pessoal, a partir das primeiras leituras e toda sua experiência militar, política e de escritor, ao longo de seis décadas (1920/1980), período em que o Brasil experimentou sua revolução burguesa incompleta, a *Revolução Brasileira* — categoria criada e desenvolvida por ele para explicar as transformações ocorridas após a Revolução de 1930.

Sempre com base no método que defendeu, utilizando-se de uma historicização radical, Sodré mostrou-se continuamente como um homem de seu tempo, partícipe da modernização do Brasil; enquanto a refletia, mostrando a complexidade do processo e buscando compreendê-lo a partir de uma escala de valores e posições, dos vários encontrados e possíveis, tributários do pensamento moderno.

Intelectual modernista, historiador do processo de modernização do Brasil, sua obra enquadra-se na vertente crítica àquele processo, não pela recusa do mesmo, mas interpretando-o de forma contínua, poderosa, erudita, concentrando-se principalmente no percurso dramático de nossa modernização, que implicava sempre a maximização do poder de nossas classes dominantes e da injustiça social, a manutenção de uma cultura elitista, aristocrática e transplantada, a contínua fragilidade de nossa democracia, a irresolução de nossas questões nacionais, enfim, o caráter incompleto e singular de nossa revolução burguesa.

A penetração do capitalismo nas variadas esferas da vida nacional, da cultura, imprensa, política, economia, seu caráter incompleto, obedecendo a ritmos variados, seu alcance restrito a regiões e estruturas, sua relação de dependência aos centros capitalistas desenvolvidos e consolidados, mereceu do general e professor todas as atenções.

Sodré pertenceu a um seguimento do modernismo e, embora julgasse tal movimento como uma decisiva e importante iniciativa na cultura brasileira, ao qual se considerava também ligado, não escondia suas muitas críticas ao mesmo.

Os aspectos que Sodré definia como os mais problemáticos e que limitavam o alcance das contribuições modernistas, especialmente aqueles da primeira geração, eram a baixa preocupação construtiva, o precário reconhecimento dos escritores pré-modernistas, certa filiação a setores pertencentes à classe dominante (a oligarquia "dissidente" paulista) ou simpatias com formulações políticas conservadoras (grupo verde-amarelo), preocupações excessivamente formalistas de alguns escritores, a "blague", o individualismo, a precária relação com os setores populares e, por isso, por suas críticas muito precisas e enfáticas, ele, às vezes, sobrecarregava a pena como ocorre em *Memórias de um escritor*:

> Uma análise atenta verificará que o modernismo foi mais de atitude, em muitos de seus adeptos, do que de criação; era mais alardeado do que praticado, e a contribuição realmente nova foi reduzida. Havia, em suma, maioria de travestidos, nas hastes inovadoras; os autênticos acabaram por se impor, mas os disfarces duraram, uns poucos chegaram à fase posterior, sem que a verdade íntima e essencial dos personagens surgisse às claras (1970:36-37).

O ensaísmo sodreano esteve atento à produção intelectual de alguns autores pré-modernos, principalmente

Euclides da Cunha, Lima Barreto, Manoel Bomfim, Gilberto Amado. Tais autores eram admirados por razões variadas: a visão simpática do dado nacional, a importância, na medida correta, do impacto do empreendimento colonial na criação e perpetuação dos graves problemas sociais, culturais, econômicos e políticos no país e o inconformismo com os mesmos.

À medida que se aprofundava na pesquisa e se esclarecia politicamente, Sodré passava a reavaliar as obras de alguns dos autores supracitados, pelo fato de encontrar neles certas deficiências comuns da geração a que pertenciam, especialmente a adoção de teorias frágeis e preconceitos vários (raciais, por exemplo), afastando-se, progressivamente, daquele julgamento positivo já citado.

A admiração por autores não modernistas, mas contemporâneos do movimento, como Oliveira Vianna e Azevedo Amaral, seguiu a mesma dinâmica, agregando, ainda, um outro fator: o ideológico. Sodré desenvolveu uma relação de amizade com Azevedo Amaral e, também, o considerava autor de livros importantes, especialmente os *Ensaios brasileiros* (1930).[1] Após a implantação do Estado Novo, rompeu suas relações com Azevedo Amaral, entusiasta do novo regime. Não deixou, todavia, de admirar nesse autor a coragem de escrever sobre temas presos à realidade do pós-1930, sendo o próprio contemporâneo ao momento sobre o qual escrevia, empreendimento que caracterizará também muitos dos ensaios sodreanos.

1. Obra que foi também muito admirada por Sérgio Buarque de Holanda.

O historiador francês Pierre Vilar (que Sodré tanto admirava), num belo texto (1979), ao estudar a composição das obras históricas de Marx e Engels — como eles organizam textualmente os planos estrutural e conjuntural na "análise dos eventos" —, escreveu que, para eles, o que importava era a "força das ligações".

> A exposição dos eventos, portanto, pode por vezes preceder, por vezes suceder a explicação dos mesmos; a depender do caso, o evento pode levar a insistir mais na conjuntura do que na estrutura, ou vice-versa: desse modo, como observou Schumpeter, a história de Marx não separa nem mistura o momento econômico, o social, o político e o puro acontecimento, mas combina-os em conjunto (Vilar, 1979:119).

Após o recurso à citação de Pierre Vilar sobre o que ele denomina de "história explicação", característica principal do tipo de história escrita por Marx e Engels, importa-nos observar que, no seu ensaísmo, Sodré construía o seu texto, buscando integrar a conjuntura e a estrutura no tratamento dos eventos, nunca perdendo de vista os processos históricos de duração mais longa, nos quais os eventos podem ganhar inteligibilidade.

Em *Formação Histórica do Brasil* — (FHB) (1961), por exemplo, Sodré ocupou-se do estudo da formação do Brasil, do período colonial ao republicano; cada capítulo foi organizado, tendo como critério o recorte temporal, obedecendo aos padrões tradicionais, em períodos mais ou menos longos: a colonização, expansão, independência, Império, República e, por fim, revolução; porém, os subcapítulos se sujeitam, não obstante os títulos, à lógica do método ao qual se devotou, ao marxismo, combinando a exposição histórica dos períodos, à análise da composição das classes sociais, à caracterização das ordens política e econômica e à busca por sínteses em que o processo histórico pudesse ser caracterizado a partir de categorias amplas, tudo isso capaz de organizar a análise de processos de longo prazo.

O estudo das formas de exploração sobre o Brasil (colonialismo, dependência, imperialismo), das relações assimétricas entre as classes sociais nos modos de produção historicamente organizados no Brasil e do penoso processo de constituição do capitalismo, é o marco categorial utilizado pelo autor para compreender o fenômeno brasileiro.

Em cada fase, história e teoria combinam-se, conjuntura e estrutura são escrupulosamente perspectivadas no texto, visando solucionar, assim, o dilema muitas vezes observado entre uma história abstrata, saturada de discussões teóricas e outra, escrava da empiria e sem teoria, ambas presentes no cenário historiográfico brasileiro à época em que Sodré escreveu FHB.

Obviamente, estamos descrevendo a composição interna da obra e não ainda os seus resultados, a análise ou a caracterização ampla que Sodré fez a respeito da história brasileira, ou mesmo, adequadamente, da teoria marxista. Preocupa-nos, neste momento, esclarecer o conteúdo do ensaio e os recursos que Sodré mobilizou para escrevê-lo.

No livro em questão, o nosso historiador procurou integrar, principalmente na análise da história brasileira, a história econômica, política e social; é interessante sublinhar que existem poucas referências à cultura, à imprensa ou à tematização da história de instituições como a do Exército, por exemplo. Em outros livros, publicados poucos anos após FHB, Sodré procurou tratar dessas outras questões, sempre dando ênfase ao impacto do processo da *Revolução Brasileira* nessas áreas.

Em FHB, as histórias econômicas, política e social são tratadas como constitutivas na produção e reprodução do poder de classe: é um livro sobre o poder. Ao mesmo tempo não é um livro sobre política, é um livro político, um argumento e uma intervenção.

Retornaremos ao texto de Pierre Vilar, quando o historiador francês caracterizou a história produzida por Marx e Engels como "uma história militante", uma história da atualidade; Vilar agregaria ainda outra observação importante, no caso, como a posição política de ambos aparecia nas suas obras (deles).

> Tanto Marx quanto Engels, assim como seus grandes discípulos, declaram abertamente sua opção política e pretendem servi-la com suas obras; estão convencidos, porém, de que o melhor modo para obter isso é uma análise correta, capaz de emprestar uma inteligibilidade suficiente aos eventos, se não mesmo uma ciência da matéria histórica, cujos princípios nos ofereceram, e não evidentemente um aparelho operativo que sirva para todos os usos (1979:119-120).

Nossa intenção aqui não é invocar o argumento de autoridade de Vilar, mas utilizar suas importantes observações para dimensionar e caracterizar o trabalho de Sodré na perspectiva marxiana e marxista utilizada por ele nas obras, principalmente aquelas escritas após 1957.

Capítulo IV

1. Revolução brasileira no ensaio sodreano

No livro de ensaios intitulado *Introdução à Revolução Brasileira* publicado em 1957, pela primeira vez, Sodré avançou na caracterização da categoria *Revolução Brasileira.*

> Como Revolução Brasileira entendemos o processo de transformação, que o nosso país atravessa, no sentido de superar as deficiências originadas de seu passado colonial e da ausência da revolução burguesa no seu desenvolvimento histórico. Tal processo, que se opera diante de nós, com a nossa participação, tende a superar os poderosos entraves que se antepunham, e ainda se antepõem em parte, ao desenvolvimento do país. Discriminando as origens das forças interessadas no processo nacional, e mostrando o que existe ainda de negativo no quadro brasileiro, procuramos realizar uma tentativa de esclarecimento político, no sentido de cooperar para a aceleração do mencionado processo, que tem como fundamento mínimo a manutenção e ampliação do regime democrático, de um lado, e a solução nacionalista dos problemas de exploração econômica das nossas riquezas, de outro lado (1963:9).

A citação é longa, mas justifica-se por conter os traços essenciais da caracterização do processo da *Revolução*

Brasileira e que serão, com pequenas modificações e acréscimos, aqueles que Sodré utilizaria para definir o conjunto de transformações ocorridas no Brasil após a Revolução de 1930, principalmente o processo de desenvolvimento do capitalismo.

A publicação do livro marcou o fim de um longo período dedicado ao estudo e pesquisas de quase 15 anos, durante os quais o nosso historiador deixou de publicar livros; sem, no entanto, eximir-se de freqüentar os jornais e revistas, exercendo a crítica literária e a da cultura.

A *Introdução à Revolução Brasileira* foi publicada no período inicial do ISEB e caracteriza um escritor no processo de criação de uma nova abordagem da história brasileira, renovando não só suas próprias visões, mas também as que existiam no interior mesmo da historiografia brasileira. Trata-se de um livro participante e militante, colado à própria história que se desenvolvia no período; empreende uma revisão da história das classes sociais, no Brasil; esboça um quadro da evolução da nossa cultura; volta-se, ainda, para a questão militar e conclui com uma discussão sobre as relações de raça e de classe, centradas no caso brasileiro. Na 2ª edição, dois novos estudos aparecem: um estudo da história do nacionalismo brasileiro e outro sobre o conceito de povo no Brasil.

O livro marca a utilização de Sodré, já com um amplo conhecimento da matéria, da teoria marxista e, provavelmente, a primeira vez em que o filósofo marxista Georg Lukács foi citado, neste país (no estudo Elaboração da cultura nacional). Certamente a utilização da teoria marxista seria aperfeiçoada ao longo de seus estudos posteriores e observada, principalmente, em *Formação histórica do Brasil*.

Na leitura do livro em questão, percebe-se o momento histórico que se desenvolvia a quente, fica-se com a impressão de que, por meio de suas páginas, todos os conflitos, impasses e promessas de uma época apresentam-se como um cotidiano do qual participamos. De todos os seus livros, este nos parece aquele em que Sodré mais ambicionou uma intenção projetiva; o ensaio Raízes históricas do nacionalismo brasileiro é a sua mais apaixonada intervenção política, especialmente quando desenvolve sobre o conteúdo libertário do nacionalismo, a conjunção do modernismo dos tempos heróicos com um marxismo não acadêmico.

Na primeira citação, que destacamos anteriormente sobre a *Revolução Brasileira*, uma aproximação inicial, visando caracterizar o estágio do desenvolvimento do Brasil naquele momento (a década de 1950), é flagrante a implicação política do processo da *Revolução Brasileira*, o propósito da obra e seu caráter militante, anunciando a necessidade da realização de duas tarefas: a revolução nacional e democrática.

A citação nos coloca diante de um processo de transição, omitida a origem e sugerida uma antecipação resumida de um futuro desejado.

No mesmo livro, no entanto, Sodré voltaria a referir-se ao processo da *Revolução Brasileira*.

> [...] O Brasil denuncia, na inquietação do presente, a antinomia de sua estrutura econômica colonial, profundamente associada aos interesses do imperialismo, enquanto a sociedade, em seu desenvolvimento dinâmico, impulsiona a burguesia nacional e o proletariado como forças capazes de proporcionar uma política de transformação daquela estrutura nacional cujas linhas permitam a livre expressão dos interesses e forças reais das classes em que se divide a sociedade brasileira [...] o que significa, em suma, que existem agora, no nosso país, os fundamentos econômicos e uma repartição em diferentes classes, suficientes para permitir aquele processo de renovação a que se convencionou chamar Revolução Brasileira (ibid.: 58).

O trecho supracitado complementa aquele primeiro, ao indicar mais precisamente o que seria o núcleo explicativo da dinâmica e das tensões do processo: a existência de forças políticas potencialmente mobilizáveis para questionar e romper com a ordem econômica existente. O processo de capitalização do país possibilitava a criação de uma ordem política competitiva, fundada em interesses contraditórios, bases deste mesmo processo, forçando a história, requerendo definições outras, a passagem para um novo estágio.

É forçoso constatar que no ensaísmo de Sodré não existia uma história da estrutura que excluía os agentes, os sujeitos históricos: nos seus livros, as classes não aparecem como o fundo de um quadro, um detalhe; nas suas obras, não há estrutura autônoma e nem sujeitos soltos na história; a tentativa é integrar sempre sujeito e estrutura, seguindo o princípio marxista da historicidade radical;

na historicização dos fenômenos é que ele busca resolver a difícil questão: evitar a supervalorização da estrutura ou do sujeito.[1]

A categoria *Revolução Brasileira* seria citada nos livros imediatamente posteriores à *Introdução à Revolução Brasileira* (1957); em *O que se deve ler para conhecer o Brasil* (1960, 2ª ed.) e *Ideologia do colonialismo* (1961), porém, tal categoria não recebeu neles qualquer tratamento distinto ou mais completo, repetindo, portanto, o conteúdo já presente na primeira edição de *Introdução à Revolução Brasileira*.

Com a publicação de *Formação histórica do Brasil* — FHB (1962), encontraremos as formulações conclusivas do autor, sempre como resultado de uma profunda pesquisa histórica e metodológica. O método e a forma de exposição do conteúdo, saturando o argumento com uma exaustiva exposição da evolução histórica, não simplesmente factual, em que os recortes históricos vêm sempre amarrados a conclusões que propõem um sentido (nada parecido com a "técnica" advinda da antropologia, a "descrição densa"); lógica e história integradas, a ambição do método materialista histórico, tal como foi citada em *O Capital* por Marx, seria o roteiro e a realização nas obras de Sodré, especialmente no livro *Formação histórica do Brasil*.

---

1. Esta veio a ser uma questão importante nos anos 1970 e 1980, pela visada estruturalista e suas repercussões no campo marxista com Louis Althusser.

No prefácio do livro publicado em 1961, Sodré esclareceu sobre as circunstâncias, propostas e objetivos do livro:

> Corresponde, evidentemente, à fase que estamos vivendo em nosso país. Não pode surpreender que uma fase de profundas alterações encontre reflexos em todos os domínios, e que demande, inclusive, uma revisão histórica. Tal revisão, que é menos ligada a acontecimentos e a figuras do que ao processo, apreciado segundo métodos novos de interpretação, não deriva de um interesse acadêmico, deriva da necessidade de conhecer os antecedentes que em seu desenvolvimento, levaram o país à situação em que se encontra, vistos de um ângulo objetivo. Não é este, pois, um livro de mera especulação: deriva de uma posição política [...]. Não o separa, pois, do trabalho que se vai ler; ela faz parte deste trabalho, parte intrínseca: é a sua alma (Sodré, 1962:IX).

Sodré, no prefácio acima citado, apresentava-se como historiador militante e da atualidade; o método anunciado indica a perspectiva de uma historicização radical do processo histórico e enfatiza a interpretação como procedimento de uma historiografia moderna.

A obra em questão foi escrita quando o autor tinha 51 anos e já havia publicado dez livros sobre temas diversos, inclusive, o ensaio *Formação da sociedade brasileira*, um texto preparatório ao FHB, embora, segundo o próprio Sodré, esse fosse um livro com graves problemas teóricos e anterior à experiência política do autor, ele já possuía, naquele momento, mais de uma década de experiência política; portanto, era um intelectual moderno e plenamente cônscio da profundidade de sua fortuna e de seus argumentos ali defendidos, especialmente levando em conta o momento político brasileiro, o governo parlamentarista de João Goulart.[2]

Fruto de um curso que desenvolvia no ISEB sobre a formação histórica do Brasil desde 1956, o livro em questão era uma súmula de um país em rápida transformação das estruturas produtiva, política, de classes, experimentando um rico período de produção e debate no campo da cultura, ideologicamente polarizado (no âmbito dos grupos organizados) dentro do contexto da guerra fria.

O impacto do livro pode ser medido pela rapidez com que a 1ª edição foi esgotada, numa tiragem de 3.000 exemplares; a 2ª edição foi publicada em 1963 e a 3ª em 1964 (ambas com a mesma tiragem da 1ª edição). Tal vendagem do livro pode ser considerada um marco na "indústria editorial" daquele período.

2. A Revolução Brasileira na *Formação Histórica do Brasil* (FHB)

Para Nelson Werneck Sodré, o processo da *Revolução Brasileira* referia-se

---

2. Após a renúncia de Jânio Quadros em agosto de 1961, João Goulart, até aquele momento o vice-presidente, assumiu a Presidência da República, num regime parlamentarista de ocasião, um acordo para acomodar as graves divergências com os ministros militares de Jânio Quadros, que se recusavam a transmitir o governo a João Goulart, acusando-o de comunista; com a mobilização da sociedade, especialmente com a Cadeia da Legalidade, liderada pelo então governador do Rio Grande do Sul, Leonel Brizola, e o apoio do Comandante do 3º Exército, General Machado Lopes, os ministros militares recuaram e aceitaram a proposta parlamentarista.

ao conjunto de transformações que ocorrem em nosso país na fase atual convencionou-se denominar Revolução Brasileira. As referidas transformações ocorrem numa época que os distingue, qualitativamente, das que ocorreram em outras épocas e em outros países, aqueles que se apresentam hoje com uma economia capitalista plenamente realizada. Uma coisa foi, realmente, a revolução burguesa, isto é, a liquidação de velhas relações de produção e sua substituição definitiva por relações capitalistas, quando o capitalismo estava em sua fase ascensional, muito distante da fase imperialista do capitalismo. Por isso mesmo o processo das transformações é diverso, e são diversos também os seus resultados (1963:392).

No trecho acima citado, Sodré procurava destacar a particularidade brasileira,[3] negando que aqui deveria repetir-se o processo revolucionário característico da revolução burguesa à européia, acentuando os traços distintivos do caso brasileiro. É importante enfatizar que nossa singularidade não se definia por uma essência nacional, uma identidade, abordagem tão ao gosto dos intelectuais brasileiros da primeira metade do século XX, dos autoritários aos modernistas. Tal singularidade, para Sodré, só pode ser encontrada em um processo histórico determinado e cujo foco de atenção privilegiada deve ser o povo, a participação deste na produção e apropriação da riqueza e na distribuição do poder político.

O nosso historiador, tantas vezes criticado (sem ter sido ao menos lido) injustamente como mero repetidor de fórmulas e teorias, nos chama a atenção para o que há de

3. José Paulo Netto (1992), acertadamente, sublinhou que em muitas obras de Sodré a busca da particularidade do fenômeno brasileiro sempre esteve presente.

particular em nosso processo histórico; em Sodré a interpretação é acompanhada por um posicionamento político-estratégico sobre o tema. Ele avança, vai além das constatações relevantes e procura mostrar como "induzir o momento à sua crise", no caso, os requisitos para alcançar a revolução nacional e democrática.

> Não só as zonas antes coloniais geram países que alcançam a independência em condições completamente diversas daquelas que configuraram o processo emancipador nas antigas colônias ibéricas da América como os países originados destas antigas colônias atingem a fase da revolução burguesa em condições diferentes das que presidiram a esta nos países que se anteciparam na passagem ao modo capitalista de produção e às suas decorrências políticas. A solução de cada etapa, assim, está subordinada às considerações próprias à sociedade do tempo e da área considerada. Para os países do tipo do Brasil, as contradições fundamentais, — as que a Revolução Brasileira enfrenta, — são a nacional e a democrática [...] A Revolução Brasileira assinala o esforço de capitalização, em nosso país, justamente na fase imperialista do capitalismo, isto é, numa fase em que a concorrência desapareceu do terreno prático e a economia está subordinada aos monopólios (*ibid.*:397).

Como observamos pelas citações acima, a análise de Sodré sobre a *Revolução Brasileira* e seus possíveis e desejados desdobramentos aproximam-no daquilo que Robert Kurz (1997) denominou de *marxismo da modernização*,[4] não só porque suas premissas e conclusões apon-

4. É claro que, por ser uma variante, precisa ser caracterizada mais profundamente, no caso, o marxismo de Sodré.

tam para a insuficiência e para a necessidade que o capitalismo tem, no Brasil, de cumprir suas tarefas clássicas, como para que, ultrapassados os graves impasses ao seu funcionamento ótimo, o capitalismo proporcione a modernização industrial, a soberania nacional e a formação de uma estrutura institucional compatível com a plena constituição das classes sociais.

Para Sodré, o aprofundamento do desenvolvimento capitalista, da industrialização, rompidas as estruturas que permitiam ao imperialismo a apropriação de grande parte de nossas riquezas, derrotado o latifúndio, responsável pela manutenção de relações de produção atrasadas, que impediam o desenvolvimento das forças produtivas, o processo da *Revolução Brasileira* atingiria outro patamar, vencidos então os obstáculos ao desenvolvimento do capitalismo; no entanto, naquele momento, para que o *esforço de capitalização* pudesse ser bem-sucedido, era necessário realizar uma avaliação do quadro histórico e indicar *uma orientação clara e firme*, no caso, as tarefas políticas necessárias e as forças cujos interesses as dispõem para romper as estruturas que impedem o desenvolvimento capitalista no Brasil.

> Há uma contradição fundamental entre a Nação e o imperialismo; em outras palavras, entre o povo brasileiro e o imperialismo. Povo brasileiro, nesta fase histórica, compreende o proletariado, o campesinato, a pequena burguesia e a parte da alta e média burguesia conhecida como burguesia nacional. O imperialismo tem os seus aliados nos latifúndios e em parte da alta e da média burguesia e recruta os seus agentes nessas classes e na pequena burguesia, que lhe fornece quadros intelectuais e militares principalmente. Há contra-

dições no seio do povo, destacando-se pelo seu caráter antagônico, aquela entre a burguesia e o proletariado. O tratamento dessas contradições reflete-se no desenvolvimento da Revolução Brasileira (Ibid.:401).

No livro FHB, o lógico e o histórico não se dissociam; no tratamento do processo da *Revolução Brasileira*, na exposição de sua gênese e seus desdobramentos na história do Brasil, não há espaço específico dedicado a discussões teórico-metodológicas, citações recorrentes de teóricos marxistas ou não (como de resto em todas as outras obras de Sodré), existem, no máximo, referências oblíquas.[5] Há no conteúdo de FHB uma organização textual e expositiva do historiador que se refere à análise de um processo histórico contemporâneo à vida, à sua própria vida, e ele nos dá um quadro muito vivo, quando o leitor experimenta uma tensão constante, deparando com uma história a quente, uma transição que não chega a um termo, um conflito permanente, porém nunca conclusivo.

Os acontecimentos só são inteligíveis quando dissecados e reconduzidos à lógica do processo, à caducidade de antigas estruturas e ao prolongado, difícil e tormentoso nascimento de novos conflitos permanentes; embora sufocados ante a pura repressão e uma conciliação que Sodré imputa inúteis, são, contudo, armas sempre utilizadas pelas classes dominantes.

---

5. Excerto na primeira parte do livro A sociedade e suas transformações, quando o eminente historiador expôs algumas das principais categorias do materialismo histórico, recorrendo principalmente a Marx. É importante sublinhar que Sodré era um autodidata e não se prendia às formas de construção de um trabalho de cunho acadêmico.

O diagnóstico e o empenho de Sodré procuram forçar o ritmo da história, mobilizar as energias transformadoras, propor uma nova configuração do poder. Avesso ao utópico, Sodré procura referenciar-se na história; a *Revolução Brasileira* é logicamente concebível e concebida como um desdobramento possível de um processo histórico que indica graves impasses, cujas soluções e limites são indicados no interior desse mesmo processo. A *Revolução Brasileira* requer, no entanto, a mobilização consciente das classes sociais e, portanto, não há uma dinâmica interna das estruturas, não há a naturalização do social.

3. Gênese do processo da revolução brasileira

Cremos ter sido Nelson Werneck Sodré o primeiro historiador a buscar uma análise integrada da História do Brasil a partir do conceito de modo de produção.

Não é, como comentadores pouco fundamentados afirmaram, uma história de uma sucessão dos modos de produção seguindo certa cartilha stalinista; no caso, é importante frisarmos que, para Sodré, não houve uma sucessão ascensional dos modos de produção, pois, como fica esclarecido por uma leitura despreconceituosa de FHB, ele procurou estudar nossa particularidade, um fenômeno de regressões de modos de produção, *regressão escravista* e *regressão feudal*.

Toda a análise sodreana da formação histórica do Brasil obedece a um plano que requer o enquadramento de nossa história numa perspectiva mais ampla.

> Um dos erros mais graves cometidos pelos nossos historiadores tem sido o da omissão no enquadramento da história de nosso país no conjunto da história humana, como se ela decorresse em meio estanque e ficasse imune a tudo o que acontecia no exterior (FHB:227).

A citação acima requer uma série de considerações. Nelson Werneck Sodré sempre buscou compreender a trajetória histórica do Brasil, numa configuração que deveria incluir, necessariamente, as relações de poder entre os Estados-nações, a divisão internacional do trabalho, os mecanismos de produção e de reprodução ampliada do capital comercial e industrial.

A posição que o Brasil ocupava na divisão internacional do trabalho, desde o início de sua colonização, colocou-o, durante cinco séculos, mesmo antes de sua independência, como uma nação extremamente frágil, destituída de mecanismos autônomos para definir seu próprio destino, uma nação cuja história era extremamente vinculada aos processos históricos ocorridos na Europa e/ou Estados Unidos, vistos em longo prazo.

Sodré não buscava estabelecer vínculos diretos, imediatos e mecânicos entre acontecimentos particulares, fatos, relações, lutas de classes, tumultos acontecidos no Brasil, como reflexos de transformações operadas no exterior; nem mesmo as manifestações na superestrutura deviam obedecer a tal dinâmica; sua análise, portanto, é matizada, mediada pela discriminação dos fatores internos à nossa trajetória histórica.

As conexões entre os determinantes internos e externos da constituição e das mudanças das estruturas políticas, econômicas e culturais só podem, é claro, ser esclarecidas na análise do processo histórico; no entanto, devemos avançar em nosso estudo. Em certo trecho de FHB a posição de Sodré se esclarecia:

> Se aprofundarmos a análise, verificaremos que o esforço brasileiro corresponde a uma adaptação às condições do capitalismo agora em fase imperialista. Toda a nossa história, e as alterações que ela assinala, marca as etapas por um esforço de adaptação: da produção colonial ao capital comercial; da produção colonial ao capitalismo; da produção semicolonial ao imperialismo (ibid.:294).

A condição colonial é totalizante e determina a dinâmica de todas as estruturas do Brasil colonial, de seu modo escravista de produção, inicialmente. A condicionante externa atua sob estruturas espaciais e físicas extremamente diferenciadas, de amplas dimensões, unidades administrativas autárquicas de perfis econômicos singulares. A heterocronia e o desenvolvimento desigual definem o caso brasileiro.

A condicionante externa, ao longo de nosso processo histórico, define certos horizontes, sob os quais a dinâmica interna se conforma, adapta-se, utiliza-se, ao mesmo tempo em que impõe seus próprios registros, cria, principalmente, uma estrutura de exploração econômica e estruturas jurídico-políticas que imprimem sempre a dominação sem réplicas aos dominados.

O que marca essa interação externa e interna é a constante reatualização de uma dinâmica que combina a exploração econômica e a opressão política dos dominados, que nunca foi improvisada, obedecendo a cuidadoso planejamento.

Ao definir a estrutura da produção no período colonial, em linhas gerais, Sodré procurou sumariar tal integração, pois, para ele, seriam a *grande propriedade, modo escravista de produção e regime colonial* (ibid.:75).

A dialética entre externo e interno seria estudada e matizada por Sodré na análise das novas configurações da estrutura produtiva do período colonial: a expressão vicentina, a pastoril, a aurífera, a sulina, o declínio colonial. O processo histórico sempre foi analisado, observando-se a dinâmica das contradições entre as classes sociais, sempre discriminadas quanto à relação entre as classes dominantes da metrópole, as dominantes no Brasil e aquelas estabelecidas internamente, no caso, entre os senhores e os escravos.

Para traçar o painel das contradições entre as classes sociais, Sodré recorria sempre a uma análise do quadro internacional e suas repercussões no Brasil; análise esta necessária, dado que, para Sodré, era absolutamente essencial historicizar para caracterizar o quadro histórico e suas particularidades.

3.1. A Revolução de 1930: gênese da Revolução Brasileira

A interpretação que Nelson Werneck Sodré fez da Revolução de 1930 diferenciou-o em relação a quase totalidade dos historiadores modernistas e das gerações seguintes e, mais importante, marcou profundamente a obra do eminente historiador, tornando-se o ponto de partida para o desenvolvimento de grande parte das suas obras, quando procurou testar suas hipóteses sobre a *Revolução Brasileira* para estudar a história da literatura brasileira, a história da cultura, história da imprensa, história militar e história das classes sociais.

A hipótese de ter a Revolução de 1930 iniciado o processo da *Revolução Brasileira*, segundo nosso ponto de vista, permitiu a Sodré tratar a história contemporânea brasileira a partir de uma visão rica, complexa, matizada, destituída dos subjetivismos daqueles que viam tal movimento ou como pura negatividade ou pura positividade.

Sodré desenvolveu uma abordagem com explícita angulação de esquerda, marxista, sem utilizar o cacoete romântico, sem emprestar a ela tons épicos, sem perder de vista os excluídos do processo; procurou discriminar o novo da novidade, procurou dar conteúdo a uma expressão já anteriormente utilizada, a *Revolução Brasileira*, transformando-a em uma categoria.

O fato de a Revolução de 1930 ter sido o *primeiro exemplo de movimento revolucionário que parte da periferia sobre o centro* (ibid.:320) na história do Brasil, já demonstrava ser *uma nova fase que se abria* (ibid.); portanto, tal movimento não seria uma quartelada, uma revolta de ocasião ou uma mudança articulada pelos detentores do poder.

Para Sodré, *a Revolução de 1930 resultara de uma brecha na classe dominante* (ibid.:326), e a fração dissidente articulou-se com forças marginais em relação ao centro de poder; por isso, encontraríamos entre os componentes do movimento, duas orientações:

> a tradicional, representada pelas forças políticas que exerciam o domínio do país, e a nova, representada por forças políticas que até então não haviam encontrado oportunidade para organizarem-se e atuarem, particularmente representados no tenentismo (ibid.:326).

E concluía, para precisar sua análise, que na Revolução de 1930 estivera ausente a classe operária, e só isso bastaria para caracterizá-la (ibid.).

A Revolução de 1930 foi realizada num contexto de grave crise econômica do capitalismo em nível mundial, a que a crise de 1929 emprestou lances dramáticos. A exportação de nosso principal produto, o café, entrou em colapso, experimentou uma grave crise cambial e as nossas reservas de ouro praticamente desapareceram.

No entanto, foi surpreendente a recuperação de nossa economia. A redução drástica das importações correspondeu a um aumento da oferta e da demanda internas; Sodré afirmou, inclusive, que *o novo na estrutura econômica brasileira estaria no fato de que a reação iria se processar no interior, compensando, com uma surpreendente rapidez, os efeitos negativos provindos do exterior* (ibid.:323). Foi acentuado o crescimento da produção industrial, da importação de bens de consumo e capital, o algodão supriu, em boa parte, o café em nossa pauta de exportação: a renda nacional aumentou; tudo isso no período compreendido entre 1929 e 1937.

O quadro que se apresentava então era o da possibilidade de uma capitalização nacional, permitida pela folga imperialista; quando afastado do nosso mercado, seja em função de períodos de guerra, seja para resolver suas próprias crises econômicas, o imperialismo nos permitia verificar que nossa acumulação e nosso desenvolvimento interno eram não somente possíveis, mas processavam-se rapidamente.

Libertos dos constrangimentos imperialistas, mesmo que provisoriamente, a economia brasileira crescia e, o mais importante, tal crescimento refletir-se-ia nas condições de vida de nosso povo.

O breve, mas importante e decisivo, surto de desenvolvimento fez caducar velhas relações, processo este que deixaria profundas marcas em nossa vida política no período 1930-1964.

Seria fundamental, para Sodré, que o povo brasileiro tomasse consciência do que representou a folga imperialista, que se tornasse uma convicção o fato de que, quando não éramos explorados, desenvolvíamos nossa economia. Tal consciência era ainda inexistente no povo, naquele momento, pois não havia compreendido até então as razões de nosso crescimento nos primeiros dez anos após a Revolução de 1930.

O nó górdio era político e os conflitos freqüentes na história do Brasil pós-30 mostrariam que o processo da *Revolução Brasileira*, seus avanços e recuos, refletiu os estágios da luta entre o imperialismo e a nação brasileira na sua necessidade de autonomia e soberania.

Embora Sodré saturasse o seu texto com dados econômicos, discutisse questões relativas à nova estrutura social, delimitasse as formas de penetração imperialista, as considerações políticas dos elementos dispostos na obra eram decisivos; o nosso historiador orientava sua análise a partir de procedimentos quase simultâneos: na análise macrossociológica do processo histórico, ao mesmo tempo que buscava compreender a dinâmica tensa do desenvolvimento do capitalismo no Brasil, indicava as possibilidades de um encaminhamento alternativo a tal dinâmica, que sempre requeria um alto grau de consciência dessa realidade pelas classes sociais para possibilitar a concretização das alternativas.

O nosso historiador nunca se fixou numa simples descrição do processo histórico: historiador militante e da atualidade, seu texto era sempre uma intervenção política de alta capacidade cognitiva.

O processo da *Revolução Brasileira*, sua dinâmica e seu ritmo dependiam do como, do quando, do porquê e de em que grau de intensidade as classes sociais poderiam dar este ou aquele formato a tal processo; nada havia nele de inevitável, ou teleológico ou necessário.

A presença, a escolha das variáveis — as classes sociais, o imperialismo, a economia, a política —, e a importância delas na análise do processo histórico, revelam o tipo de historiador e a ambição, o resultado de suas obras, enfim, o que diferencia o trabalho de Sodré dos demais historiadores.

Os dois últimos capítulos de FHB — República e Revolução — são os mais vivos, representando bem aqueles anos plenos de conflitos e de transformações na sociedade brasileira, de desenvolvimento econômico e conflitos políticos que ainda não tinham encontrado um termo (o golpe de 1964); os dados são explorados, em profundidade, naquilo que os fatos não revelavam, na recusa da cotidianidade de um Brasil rural, apontando contradições ali onde as estruturas se apresentavam como definitivas.

É característica do ensaísmo de Sodré: acompanhar o desenvolvimento do capitalismo no Brasil sendo contemporâneo a ele, utilizando conhecimentos adquiridos com muito esforço para compreender esse processo, conhecimentos estes que sempre resultaram em formulações próprias, recorrendo ao marxismo, basicamente ao estoque de categorias deste, e recusando-se a aplicar qualquer modelo de processos ocorridos em outros países, embora com pleno conhecimento dos modelos, no caso, das revoluções burguesas clássicas.

Como Sodré se interessava pelo estudo do capitalismo — e não do feudalismo ou do pré-capitalismo, sobre os quais não escreveu livro algum —, ele procurou compreender o que significava o desenvolvimento do capitalismo industrial na fase imperialista, o caso brasileiro, enfim, o processo da *Revolução Brasileira*.

Sodré caracterizou o imperialismo como a fase do capitalismo em que:

> [...] Realmente surge a concentração da produção e do capital, levando à formação dos monopólios com papel decisivo na vida econômica; funde-se o capital bancário com o capital industrial, formando o capital financeiro e a oligarquia financeira; a exportação de capitais, diversa da exportação de mercadorias assume significação destacada; aparecem as uniões monopolistas internacionais, repartindo o mundo; as nações imperialistas, finalmente, dividem o mundo entre si e, daí por diante, a expansão de uma se fará sempre em prejuízo de outra. Na essência substitui-se a livre concorrência

> pela dominação dos monopólios e estes adquirem enorme poder na vida política e utilizam o Estado para atingir seus fins. As contradições sociais se aprofundam e são acompanhados pelas contradições entre as nações imperialistas e entre estas e os países coloniais ou dependentes (ibid.:343).

As conseqüências da ação do imperialismo colocam-no em contradição com o desenvolvimento dos países nos quais passam a atuar:

> Nessas condições, os capitais estrangeiros que se instalam em países como o Brasil não se integram na economia desses países, pelas suas próprias características. Eles não consideram lucro o que é ou pode ser representado em moeda do país onde são investidas, mas tão somente o que é ou pode ser representado em moeda do país de origem e é, assim, a possibilidade de remeter livros e de mobilizar por esse meio os seus haveres; internacionalmente a condição essencial de inversão. Por isso é que são estrangeiros, e não pela sua condição de origem nacional. No desenvolvimento do processo, os investimentos estrangeiros geram um encargo superior aos recursos que aparentemente proporcionam, e o país em que se instalam paga aqueles investimentos com seus próprios recursos. A economia desses países, assim, capitaliza em proveito do estrangeiro, e ainda perde apreciável saldo por efeito das condições inerentes ao sistema que, longe de impulsioná-la, acarreta um progressivo indigitamento que se reflete inclusive na balança exterior de contas. As conseqüências mais ostensivas são o desequilíbrio naquelas contas e a compressão das importações necessárias ao desenvolvimento econômico, como a de equipamentos. Os investimentos estrangeiros não se refletem no crescimento da exportação dos países dependentes, na

maioria dos casos, e não reforçam portanto a capacidade de importar (ibid.:343).

E concluiria que o crescimento da economia brasileira se vem processando independentemente da contribuição de capitais estrangeiros. Estes, muito ao contrário, contribuem negativamente, desfalcam a poupança interna e enfraquecem a taxa de inversões (ibid.:344).

O imperialismo não impedia a nossa industrialização; no entanto, limitava-a e procurava inserir-se nela, adequando-a aos seus interesses, *seja por meio de investimentos, seja por meio de empréstimos que constituem pesado tributo imposto ao nosso povo* (ibid.:346). Mesmo os investimentos estrangeiros não nos beneficiaram, pois se tratavam, na verdade, de capitais brasileiros, cuja origem eram os empréstimos externos e internos (como os que eram liberados pelo então Banco Nacional de Desenvolvimento Econômico), e as remessas de lucros contribuíam para elevar as taxas de inflação.[6]

No setor interno de nossa economia, a fonte dos problemas que impedia nossa capitalização era a agricultura. Na extrema diversidade das regiões brasileiras com suas diferentes estruturas produtivas, segundo Sodré, dois tipos de propriedades poderiam ser agrupados quanto ao regime de propriedade: uma que gerava a renda capitalista e a outra que gerava uma renda pré-capitalista.

Esta pressupõe a existência de duas classes: a dos proprietários de terras e a dos pequenos produtores individuais, pos-

6. Para o tratamento dado ao tema da inflação por outras correntes ver Bielschowsky (1988).

> suidores de meios de produção e dispondo de alguma independência econômica; aquela pressupõe a existência de três classes: a dos proprietários de terras, a dos locatários capitalistas que exploram o trabalho assalariado e a dos assalariados que não dispõem de meios de produção (ibid.:353).

Nas áreas em que as relações capitalistas foram desenvolvidas, a grande lavoura, o proprietário de terras prolonga-se no locatário capitalista; na grande lavoura, predominam os interesses externos; a produção destina-se à exportação, ela absorve *grande parte dos recursos públicos e privados*, experimenta *crises freqüentes de superprodução, apresenta maior densidade tecnológica e não paga o imposto territorial.*

A propriedade no campo brasileiro era extremamente concentrada e a grande lavoura possuía 75% da área economicamente ocupada.

A pequena propriedade, voltada para o mercado interno, de baixa produtividade e densidade tecnológica, carente de créditos públicos e privados, ocupando uma pequena área de superfície cultivada, sofrendo constantes violências pela apropriação progressiva de suas terras por parte da grande lavoura, eram os *condenados da terra.*

A progressiva capitalização e monopolização da agricultura mostravam, segundo Sodré, apoiando-se em Lênin (embora este não fosse citado), *um desenvolvimento à moda prussiana, sob influência do imperialismo*[7] (ibid.:355).

---

7. É importante sublinharmos o fato de que, embora tivesse sido o pioneiro na utilização do conceito de via prussiana, Sodré nunca foi citado como um dos autores brasileiros ligados a tal conceito. Mesmo

Para Sodré, o monopólio da terra é a causa do atraso no campo; e, só com a sua eliminação, as forças produtivas poderão desenvolver-se na medida das necessidades da população (ibid.). A concentração da terra acarreta várias deformações: êxodo rural, subprodução para o mercado interno e subconsumo, enfim, miséria e violência contra o povo.

As soluções e as resistências a elas foram apontadas por Sodré:

> Face à nossa deficiência de capitais e à linha de menor resistência econômica, torna-se indispensável o desenvolvimento extensivo da agricultura brasileira a curto prazo. A seqüência histórica tem sido: expansão da área cultivada, desenvolvimento intensivo pela mecanização e aplicação de mais unidades de capital por unidade de área e, finalmente, melhoria do rendimento por unidade de área, isto é, do aperfeiçoamento das técnicas de trabalho. A essa política mínima opõe-se o latifúndio com sua poderosa força de inércia. A economia brasileira assim sofre a dupla pressão: a externa, com o imperialismo e a interna, com o latifúndio (ibid.:359).

Ambas as pressões supracitadas referem-se a estruturas que são obstáculos à nossa industrialização, ao aumento de produtividade da nossa economia, ao desenvolvimento das forças produtivas, das relações de produção capitalistas.

Luiz Werneck Vianna, que acompanhou de perto a obra de Sodré, em seu Livro *Liberalismo e sindicato no Brasil* (considerado o pioneiro na utilização do conceito de via prussiana) não o citou como tendo utilizado pioneiramente tal conceito.

O desenvolvimento do capitalismo no Brasil após 1930, plenamente admitido por Sodré, ao sofrer os limites e condicionamentos do imperialismo e do latifúndio, produziu graves deformações estruturais: maximização dos desequilíbrios regionais, uma industrialização pouco diversificada, concentrada e desenvolvendo-se irregularmente, experimentando surtos, via substituição de importações; mercado interno hipertrofiado, oferta inelástica de bens de consumo e alimentos, subprodução e subconsumo; inflação e miséria.

A busca da produtividade, da industrialização, do desenvolvimento capitalista que encontramos no argumento sodreano (como visto no pensamento marxiano e em boa parte dos marxistas), não se refere a uma identificação do historiador com a via capitalista para a modernidade e muito menos, para Sodré, constituía as bases para o seu projeto de nação.

Não encontramos em Sodré um autor fascinado com a tecnologia, aquele fascínio que caracterizou setores do modernismo e da vanguarda histórica (esta última especialmente no Brasil), nem a caracterização do capitalismo como sublime, um processo que tudo revoluciona, que, rapidamente, destrói as estruturas arcaicas que perturbam incessantemente a vida ordinária.

No Brasil, para Sodré, nada se parecia com a descrição que Marx fez no *Manifesto Comunista*, um capitalismo que tudo revolucionou, de uma burguesia também revolucionária.

Nossa experiência singular era a existência de um capitalismo industrial tardio e um imperialismo precoce, *vis-*

à-vis a experiência internacional européia e norte-americana, e que configuraram, segundo Sodré, uma sociedade profundamente heterogênea, desigual, que combinava diferentes modos de produção e forças produtivas em estágios de desenvolvimento diversos, regiões cujas dinâmicas obedeciam a diferentes estágios no tempo, a heterocronia; no entanto, as relações mais atrasadas conformavam-se à lógica dos mais avançados, não solidificando o dualismo, mas produzindo e reproduzindo o desenvolvimento desigual e combinado (ibid.:360).

A Revolução de 1930 proporcionou importantes modificações na economia: uma maior capitalização, o crescimento do mercado interno e o crescimento da produção industrial. No campo político, as forças revolucionárias, progressivamente, dividiram-se; os derrotados e aqueles setores que não participaram do movimento apareceriam mais tarde na cena política.

A institucionalização da Revolução seguiu uma dinâmica plena de conflitos, a estabilidade política praticamente inexistiu, a democracia ou os períodos democráticos foram exceções. A Revolta Constitucionalista de 1932, a Intentona Comunista (1935), o Estado Novo (1937), a deposição de Vargas (1945) e a Novembrada, em 11 de novembro de 1955, além de um número expressivo de outros conflitos, bastam-nos para mostrar o quadro político da época.

Era flagrante, para Sodré, que o novo regime se caracterizou também por não incorporar a classe operária ao processo político, de que a Intentona e o Estado Novo deram demonstrações; o historiador escreveu que o Estado Novo *correspondia a uma tentativa de realizar a revolução burguesa sem o proletariado* (ibid.:329). Naquele período, entretanto, a economia brasileira transformou-se, foi dinamizada.

> Sob o Estado Novo, em sua segunda metade, a que decorreu durante a guerra, as forças positivas, no Brasil, sofrem alterações muito grandes e passam a pressionar por novas relações de produção, e tudo isto se soma às alterações anteriores, que adquirem mais força [...] internamente, o processo de capitalização nacional sofrera uma aceleração e um fortalecimento muito grande com a interrupção das relações de troca com o exterior ou sua alteração quantitativa e qualitativa. As áreas de atrito com o imperialismo eram numerosas [...]. As conseqüências do desenvolvimento interno tornavam inadiáveis alterações profundas na estrutura de produção (ibid.:330-331).

E nosso autor fez ainda uma importante observação e que definiria sua visão do processo político nos anos seguintes:

> O que singulariza o Estado Novo e caracteriza o papel de Vargas é que as forças que aparentemente a ele se opõem não são as que poderiam encaminhar aquelas pressões. No Estado Novo, realmente, haviam estado representadas as novas forças em desenvolvimento, e o que se opunha a Vargas, agora, pretendia o retorno ao passado (ibid.:331).

O golpe de 1945 buscou interromper as transformações em curso, quando foi utilizado por parte dos golpistas o recurso à retórica anticomunista, que, aliás, caracterizou o governo de Eurico Dutra (1946-1950) já no contexto da *Guerra Fria*.

O retorno de Getúlio Vargas, em 1950, *acelerou o desencadeamento do processo político que refletia as profundas alterações que o país apresentava* (ibid.:385), aquelas transformações advindas com a Revolução de 1930 e com a experiência estadonovista, congeladas depois durante o governo Dutra, cujo governo foi um consórcio entre setores reacionários derrotados pela Revolução de 1930 e aqueles setores conservadores que inicialmente apoiaram aquele movimento.

Se a figura de Vargas representava para os trabalhadores e para a burguesia brasileira a possibilidade de alterar as bases da economia, seu governo, no entanto, fruto de alianças partidárias e forças regionais com setores que queriam deter o processo de transformações, progressivamente alienou o apoio popular, posto que tivesse executado medidas importantes, de inequívoco conteúdo popular, como a Petrobrás (Lei 2.004, de 3 de outubro de 1953), e buscasse implementar outras de claro sentido renovador. Algumas posições assumidas por Vargas, especialmente em 1954, quando tornou públicas suas críticas aos mecanismos internacionais de exploração do Brasil, segundo Sodré, *verdadeiro libelo contra a espoliação imperialista*, selou o destino do político gaúcho.

> O erro de Vargas, realmente, foi o de não ter contribuído para criar um dispositivo interno de forças apto a apoiar a política que defendia em palavras. Sem base política, não há política. A destruição dos elementos nacionalistas estava em contradição com a denúncia levantada em janeiro de 1954. E esta denúncia feita sem base política, só poderia levar ao isolamento de Vargas e à sua derrota. Preludiava o suicídio (ibid.:387).

Um golpe contra a democracia estava sendo articulado (o manifesto dos generais pedindo o afastamento de Vargas era um sinal evidente da trama), quando o presidente suicidou-se.

O *governicho* de Café Filho e de Carlos Luz, de corte *udeno-militar*, buscou controlar o processo, um caso paradoxal de um governo que conspirava contra a democracia e tentava impedir a posse de Juscelino Kubitschek (PSD) e João Goulart (PTB), respectivamente eleitos presidente e vice-presidente da República.

O movimento de 11 de novembro (conhecido como Novembrada), liderado pelo então ministro da Guerra, Marechal Henrique Lott, impediu o golpe udeno-militar e permitiu a posse dos eleitos.

Para Sodré, a Novembrada alterou a composição do novo governo, cuja formação anterior era, majoritariamente, conservadora; tal movimento ensejou, pela presença de Lott, a manutenção de algumas conquistas que representavam o conteúdo novo daquele processo histórico advindo com a Revolução de 1930 e a *democracia limitada*; no entanto, Sodré observaria:

> Com o desenvolvimento do processo, o fundamental já não era apenas assegurar a vigência do regime mas dar substâncias a esse regime, fazer com que ele comportasse o encaminhamento das prementes soluções exigidas pelo que era novo entre nós, fazer dele o mais apropriado ao encaminhamento da renovação econômica, política e social do país (ibid.:389).

No governo de Kubitschek o confronto entre o setor nacionalista e o setor que representava uma política econômica e externa *distanciada dos interesses nacionais* foi a regra; quando Lott deixou o Ministério da Guerra, a orientação governista passou a ser mais homogênea, persistindo na *política de acomodação com o latifúndio e o imperialismo [...] Em prejuízo dos interesses do povo brasileiro* (ibid.:390).

No início dos anos 60, segundo as formulações de Sodré, podia ser observado um *agravamento das contradições da sociedade brasileira* cujas razões seriam duas: a consciência política das classes e camadas sociais quanto às raízes dos nossos problemas estava consideravelmente ampliada e, ao mesmo tempo, o Estado passa a ser o *Comitê Executivo* dos negócios do latifúndio e do imperialismo, impondo derrotas sucessivas às *iniciativas progressistas*.

3.2. Perspectivas da Revolução

À última parte da FHB Sodré deu o título supracitado. Longe de ser uma fé num desfecho que resultaria fatalmente num golpe de Estado de nítido corte de esquerda, dado que para ele a revolução era um processo e que este não possuía uma dinâmica sempre ascensional, mas incluía períodos de regresso e (ou) congelamento das transformações iniciadas em 1930, além de depender de um alto grau de consciência e mobilização políticas, o eminente historiador procurou explicitar as alternativas históricas que, naquele momento, se delineavam.

A revolução democrática e nacional por ele desejada para dar seguimento à *Revolução Brasileira* significava a continuidade à esquerda de um processo cujo termo nunca foi previsível, cuja dinâmica sempre esteve controlada pelas classes dominantes, ou por suas frações ligadas ao latifúndio e ao imperialismo. A abordagem politizada do processo, desenvolvida por Sodré, nunca pode ser confundida com um discurso panfletário ou uma argumentação destituída de fundamentação bibliográfica ou pesquisa exaustiva de fontes primárias.

É interessante sublinhar também que não encontramos, por exemplo, uma visão romântica da história das classes dominadas em FHB como de resto em qualquer obra do autor. Em Sodré, as classes dominadas não possuíam estatuto epistemológico superior que lhes permitisse conhecer a verdade (como na obra de Lukács) como também nunca foram o fiel da balança nas crises políticas do período republicano.[8]

O rompimento com a conciliação que reproduzia a dominação do latifúndio e do imperialismo, ou seja, a superação da contradição fundamental entre nação e imperialismo, inauguraria, na história do Brasil, uma fase em que o povo (que incluía, naquele momento, até frações da burguesia) de fato seria um agente histórico decisivo; no entanto, o destino do povo estava ligado ao da nação. Seus interesses, suas demandas, sua posição na estrutura do poder e da propriedade dependiam da conti-

---

8. Como afirmava certa literatura produzida nos anos 1970 e 1980, que tinha por objetivo criticar a experiência "populista". Tal literatura se caracterizava por uma visão romântica do papel das classes dominadas e uma crítica do papel do Estado, especialmente após 1930, visto como meramente manipulador e autoritário.

nuidade do processo da *Revolução Brasileira*, no sentido da efetivação de uma revolução nacional e democrática.

A política, na maior parte das matérias tratadas no livro, era o aspecto ao mesmo tempo decisivo e subjacente em todas as transformações operadas nas relações de produção e nas forças produtivas, uma estrutura profunda que o historiador incauto, preocupado com dados quantitativos, com as personalidades políticas ou preso a mera sucessão dos fatos, não atingiria.

A expressão política das transformações operadas nas relações de propriedade obedeceu quase sempre ao ritmo ditado pelas classes dominantes, carecendo de flexibilidade, esforço imaginativo, incapacidade de incorporar as classes dominadas ao processo político; estas jamais conseguiram, de fato, incorporar ideários de ruptura com a ordem e muito menos a ativação política necessária para romper a dominação das forças do latifúndio e do imperialismo.

No início dos anos de 1960, para Sodré, parecia que as contradições entre os interesses da nação e do imperialismo, propiciadas pelo aprofundamento dos efeitos das mesmas, que se expressavam, por exemplo, no fenômeno inflacionário, contradições que, naquele momento, se tornavam mais transparentes, ostensivas

> [...] porque exige cada vez mais que os prejuízos sejam lançados às costas do povo entendido este não apenas como classe trabalhadora mas também a classe média e parte da burguesia. Torna-se ostensiva quando atira ao povo, com a inflação, os ônus do financiamento privilegiado ao latifúndio ou os ônus decorrentes da remessa de lucros dos mono-

pólios estrangeiros. Torna-se ostensiva quando utiliza meios de propaganda e personalidades políticas para manter-se e assim coloca um indelével ferrete naqueles que utiliza. Torna-se ostensiva quando se opõe a uma política externa independente, a uma política de paz, a uma política de soberania nacional, a uma política democrática, a uma política de desenvolvimento industrial, a uma política de libertação do campo, a uma política de elevação do nível de vida do povo, a uma política de elevação de seu nível de cultura (ibid.:396).

Ao tornar a contradição entre nação e imperialismo mais transparente, aumentaria a possibilidade da ativação política para que tal contradição fosse superada; no entanto, a *Revolução Brasileira,* em sua fase nacional e democrática, pressupõe outros requisitos básicos: em primeiro lugar, que a burguesia nacional decidisse pela ruptura com o imperialismo, o que não seria um destino ou uma fatalidade; em segundo lugar, que a contradição entre proletariado e burguesia nacional não fosse percebida como a fundamental naquele momento; em terceiro lugar, que o regime democrático fosse preservado e ampliado, condição imprescindível para que a *Revolução Brasileira* se processasse em favor dos setores ligados ao interesse nacional.

Não havia lugar, na análise de Sodré, para a inevitabilidade histórica, o destino revolucionário, para tão conhecido encontro entre as condições objetivas e subjetivas.

A composição das forças no quadro mundial como a composição das forças no quadro interno mostram que as perspectivas da Revolução Brasileira são as mais amplas. A ra-

> pidez com que se processará ou os retardos que possa sofrer dependem, entretanto, da ação dos homens, da ação política, da ação organizada, da análise e do entendimento como da prática (ibid.:403).

A *Revolução Brasileira*, como categoria, permitiu a Sodré desenvolver uma interpretação do processo de transformações que ocorriam na sociedade brasileira que, ao mesmo tempo, lhe deu instrumentos para pensar uma estratégia para que tais transformações pudessem, no futuro, beneficiar a nação e o povo brasileiro. A defesa da revolução nacional e democrática, como o horizonte pensado e desejado para romper poderosas estruturas nacionais e internacionais que impediam o *desenvolvimento autônomo* do Brasil, que sacrificavam o povo, reproduziu desigualdades regionais que impediam a construção da democracia e implicou um alto grau de ruptura no processo político brasileiro.

Nelson Werneck Sodré, consciente do poder que as estruturas de dominação e exploração tinham, buscava fundamentar teórica e historicamente as alternativas para a superação daquelas estruturas, alternativas que estavam circunscritas a uma conjunção precisa de circunstâncias; as perspectivas apontadas pelo historiador não estavam fundamentadas na tradição, num desdobramento lógico dos comportamentos políticos, na atuação de uma poderosa força de vanguarda.

A última frase do livro, *A emancipação do Brasil não é uma tarefa conspirativa, mas a empresa de todo povo* (ibid.:403), expressava a visão de Sodré sobre a importância da democracia como regime político e como processo, recusando o golpismo e também a conceber a democracia como instrumento.[9]

A FHB, lançado em 1962, foi fruto de pesquisas demoradas e de debates realizados no interior de ISEB, durante quase cinco anos; todavia, suas análises alcançaram a campanha presidencial de Jânio Quadros, em capítulo escrito, ao menos em parte, pouco depois da sua posse no cargo.[10] Tal procedimento poderia revelar um historiador despreocupado com a fundamentação de suas análises, com a cientificidade de seus procedimentos. Ocorre que Sodré sempre qualificou seus argumentos como hipóteses, portanto, passíveis de críticas e discussões, estas, inclusive, desejadas por ele. Nada havia de dogmático, de postura soberana ou aristocrática.

A última parte de FHB, relacionada às perspectivas da *Revolução Brasileira*, à discussão sobre questão de estratégia, tornou-se, obviamente, a mais passível de polêmicas, embora estivesse firmemente ancorada nos capítulos precedentes e colocada, portanto, como um desdobramento histórico e processual daqueles; contudo, as perspectivas estavam vinculadas ao desencadeamento de uma participação política como o desdobramento de um ganho considerável de consciência política dos amplos setores interessados na revolução nacional e democrática.

A estratégia da revolução nacional e democrática, segundo a elaboração de Sodré, implicava uma complexa

9. Concepções que vigoravam tanto nas forças políticas de esquerda quanto nas de direita.

10. O pequeno comentário sobre Jânio Quadros foi quase uma previsão dos dilemas que levaram aquele Presidente à renúncia.

análise das lutas de classe e camadas sociais, dos interesses, da capacidade política para organizar-se e atuar politicamente, da possibilidade de composição política entre os mesmos; para ele seria ainda essencial acompanhar os desdobramentos históricos, as conjunturas, os acontecimentos precipitadores, historicizar, enfim, as questões das lutas de classes. Sem dúvida, uma obra ímpar na historiografia brasileira, condição ainda não reconhecida.

4. Nelson Werneck Sodré e a história da literatura brasileira

Em 1938, com o livro *História da literatura brasileira*, Nelson Werneck Sodré (tinha então apenas 27 anos) iniciava uma prolífica (publicou ao todo 57 livros) vida de escritor e intérprete do Brasil que, pelas suas obras, foi capitulado em amplos aspectos: a história política, a história literária, a cultura, a imprensa, a situação do escritor, a vida literária etc.

Desde 1933 colaborava na *Revista da Escola Militar*. A partir de 1934, Sodré passava a redigir crítica literária para jornais da grande imprensa, tornando-se o responsável pelo rodapé literário do *Correio Paulistano*. As críticas publicadas nesse jornal foram, em boa parte, utilizadas para a redação da *História da literatura brasileira* (1938), seu primeiro livro, embora fossem modificadas para atender os requisitos básicos de uma história da literatura, que pressupunha uma nova organização do material acumulado.

O livro de estréia acolheu o pedido de um editor (Galeão Coutinho), depois de Sodré ter-lhe dito que estava preparando um livro sobre o tema. Nas *Memórias de um escritor* (1970) Sodré confessou que não tinha um material preparado para escrevê-lo; por isso, apressou-se na leitura para aproveitar o material já acumulado, proporcionado pela crítica literária que exercia nos rodapés do *Correio Paulistano*. Para cumprir o prazo combinado, apressou-se tanto que, segundo confessou mais tarde, o ritmo impresso à tarefa teria comprometido a qualidade do livro. É preciso destacarmos que, àquela época, o historiador já estava submetido à rotina militar e só podia trabalhar no livro em questão nos momentos em que não estivesse absorvido pela rotina castrense.

Para Sodré o escritor deveria estar sempre consciente da tarefa a ser realizada. Ao ficcionista, era imperiosa a necessidade de conhecer as técnicas do romance, do conto, do teatro; ao poeta, as mesmas exigências. Isso não significava somente que o escritor deveria debruçar-se no estudo apurado dos manuais de métrica, de composição, das histórias dos vários gêneros de criação artística. Caberia ao criador sério e consciente o estudo direto das obras que estruturam toda uma cultura, que singularizam a vida espiritual de uma nação.

O estudo sério e metódico, que é necessário a todo criador para dominar o seu meio de expressão, não é contraditório com a imaginação ou com a intuição, ambas indispensáveis.

O crítico deveria preparar-se também para traçar julgamentos seguros, segundo critérios próprios, porém, sempre explicitados; no entanto, a crítica, para Sodré, não poderia reivindicar o estatuto de ciência, de julgamentos exatos que obedecessem a métodos rígidos:

> A crítica não é um julgamento. Não possui o condão das decisões justas e inapeláveis. Não constitui uma suprema instância, em que se pronunciam sentenças. Não pretende, nem pode pretender, traçar os limites palpáveis entre a verdade e o erro, entre o certo e o incerto, entre aquilo que é belo e aquilo que é feio. Exercida por um homem, ela não pode deixar de ser senão um ponto de vista pessoal, sujeito a reformas e a incidências freqüentes nas falhas e nos desvios.[11]

Cremos ser interessante voltar a outro trecho em que o autor se refere novamente ao mesmo tema e esclarece um pouco mais suas posições.

> Nunca pretendemos sumariar valores, segundo um critério único e uma escala rigorosa. A inexatidão dos julgamentos é tão falsa, é tão contingente, é tão relativa que não poderia conferir à crítica o condão de censura definitiva nem mesma indicatória de rumos, desde que o gosto humano é tão vário. Também não nos comove nem nos entristece que isso seja assim. De todas as falhas humanas sempre nos pareceram as piores, a indecisão e o temor dos alheios julgamentos. Por isso mesmo, não houve aqui, em tempo algum, nem meias medidas ou opiniões imprecisas.[12]

As considerações de Sodré acima citadas sobre a crítica devem ser observadas a partir de um julgamento que ele fazia sobre como ela era exercida ao seu tempo. Sempre lhe causou horror a idéia de que um livro poderia ser desqualificado ou glorificado por críticas exercidas se-

---

11. Vozes do mundo, *Correio Paulistano*, 1937.

12. Doença e constituição em Machado de Assis, *Correio Paulistano*, 14/08/1938.

gundo os ditames de medalhões, cuja autoridade adviria somente de opiniões fundadas em critérios de conveniência ou no fato de o escritor em pauta não pertencer a igrejinhas ou ao gênero ou ao estilo do crítico.

A Nelson Werneck Sodré desagradava a relação hierárquica que se estabelecia na vida literária brasileira; espírito modernista, embora não iconoclasta, repugnava-lhe o comércio das idéias e a necessidade de uma consagração pública apadrinhada por instituições desmoralizadas no contexto de sua geração.

Sendo fiel ao sofrimento e aos transes doloridos dos escritores, Sodré também verificava que muitos deles não só se afastavam dos pares desafortunados como também estavam presos a um individualismo que o repugnava. As igrejinhas, antes de estimular um sentimento gregário positivo, serviam como defesa ou agressão coletivas, ampliando o triste espetáculo de narcisismo e individualismo.

Em um ambiente intelectual ainda saturado, embora já criticado pelos modernistas, de uma escrita ainda influenciada pelos parnasianos e os simbolistas, pelas rebarbas do ruibarbosianismo, pelas questiúnculas gramaticais, pelo impressionismo e pela oratória ornamental, Sodré destacava-se, ainda na faixa dos 20 anos, ao imprimir pela pena incisiva e segura uma reflexão que feria mesmo pontos delicados e conscientemente silenciados na vida literária de uma República abalada apenas por convulsões políticas. O modernismo, que não pode ser reduzido apenas à performática aparição de alguns produtores de cultura nos mais variados gêneros, ainda buscava seu público, àquele momento, de reduzida dimensão.

Sem buscar originalidade nos meios de expressão, sem a ânsia por destruir a gramática, sem explodir a sintaxe, Sodré, sempre obsessivo em dar as mãos à clareza e à objetividade (questão já desenvolvida em outra parte do trabalho), buscava, com os meios de que dispunha (e que para a sua idade eram consideráveis), imprimir rumos seguros e fundamentados na crítica à produção cultural brasileira.

Para o autor, a escrita estava ligada mais à busca e expressão de valores do que à pesquisa de um estilo, ele recusava a abordagem que pretendia estudar a produção literária brasileira a partir do critério nominativo e biográfico, preferindo organizá-la em períodos, gêneros e estilos e submetê-los a uma análise rigorosa com ambição interpretativa.

O critério biográfico lhe parecia mais do que um vício, uma mera repetição. Tal critério, longe de representar uma postura ingênua ou imatura, revelava-se uma concepção errônea, derivada da ausência de método e despreparo para promover uma interpretação do fenômeno literário.

Outra postura que singularizaria a crítica elaborada por Sodré seria o elogio à produção regional, aquelas geradas fora do eixo compreendido entre Rio de Janeiro e São Paulo. Não se tratava de uma crítica ao *status quo* ou de somente propor uma *reforma agrária* na literatura brasileira. Para ele significava reconhecer a excelência da vida literária de outros estados e regiões. No elogio à literatura originada na então *periferia,* diferenciava-se Sodré da postura adotada no primeiro modernismo que exaltava mais um primitivismo e uma linguagem bárbara, omitindo as paisagens físicas ou humanas. Era a busca de uma nova expressão e não de recentes vivências que poderiam repercutir em produções literárias originais.

Também não lhe agradava a crítica impressionista, destituída de critérios e reduzida à exclusiva sensibilidade do leitor, no caso, o crítico.

Para ele, no campo das ciências humanas, somente a história poderia reivindicar a condição de ciência e, por isso, freqüentemente, criticava determinadas obras de história que se resumiam em sumariar os fatos recusando a interpretação e, quando isso ocorria, considerava tais obras como literárias, má literatura.

A recusa a uma interpretação da obra literária sem considerá-la como produto de seu tempo, sem observá-la a partir de referências externas à própria obra, seria, para Sodré, não compreender o fundamento básico de qualquer interpretação válida. Tal visão não tornava o historiador em questão avesso ao trabalho de caracterização dos gêneros literários, dos estilos dos autores e do trabalho de comparação da produção ficcional brasileira com a de outros países.

Quais eram as intenções do autor ao elaborar uma história da literatura brasileira? Qual era sua preparação, naquele momento, para desenvolver tal projeto? Muitos anos depois de tê-la publicado, precisamente na 3ª edição, Sodré esclareceu que, em seus primeiros contatos com as obras escritas sobre a história da nossa literatura,[13] embora reconhecesse muitos méritos em algumas delas, particularmente as obras de Sílvio Romero (1888) e José Veríssimo (1916), considerava ambas comprometidas com alguns problemas: a de Romero padecia de determinismos geográficos e raciais e a de Veríssimo estava amplamente marcada por um psicologismo e um subjetivismo que impediam um julgamento mais objetivo das obras, além de uma ausência de método que pudesse organizar melhor a produção literária; no entanto, aproveitou inúmeras sugestões de ambos, citando as obras desses autores de forma recorrente.[14]

Sobre as obras de Artur Motta (1930) e Ronald de Carvalho (1919), Sodré externou suas críticas a partir de valores precisos: sobre o primeiro, afirmou que representava uma corrente cuja noção de história estava vinculada à coleção de nomes e fatos, dispostos em ordem cronológica, sem nenhuma interferência do colecionador, que se eximia de qualquer julgamento sobre a produção que buscava organizar; sobre o segundo, Sodré manifestaria sua opinião negativa e criticava, por exemplo, o fato de Ronald de Carvalho valorizar demais um julgamento impressionista da produção literária, além de omitir autores importantes como Lima Barreto, enfim, achava a obra muito

---

13. Até aquele momento, só quatro livros sobre o assunto tinham sido publicados.

14. Nas 1ª e 2ª edições os elogios de Sodré eram maiores para as obras de Sílvio Romero; no entanto, a partir da 3ª edição, Sodré explicitou maior admiração pelas obras de Veríssimo, elogiando-o por seu profundo conhecimento da produção literária e por seus critérios de julgamento.

fraca e de imerecido apreço por parte de alguns críticos, já que, naquele momento, a crítica literária dispunha de novos elementos para considerar a obra de Ronald de Carvalho como destituída de valor.

O julgamento que Sodré fazia dos autores supracitados na 1ª edição da HLB era outro, elogioso, especialmente sobre Romero, Veríssimo e Ronald de Carvalho, e sua intenção em escrever uma história da literatura não estava ligada a uma tentativa de superá-los, mas de interpretar o fenômeno literário sobre novas bases e novos procedimentos.

Como não inclui o improviso como uma qualidade (várias vezes externou tal ponto de vista), antes como defeito, Sodré, além de pesquisar o material, desenvolver e tornar públicas as suas críticas, desde o início, elegeu como seu principal objetivo buscar a *interpretação* do fenômeno; no caso da história da literatura brasileira, ele propôs uma interpretação materialista.

Reconhecendo que dispunha, naquele tempo, de um conhecimento reduzido do marxismo, particularmente do materialismo histórico, a interpretação materialista da literatura, nos parece, careceu de um maior esclarecimento quanto a uma leitura que pudesse revelar, com clareza, as relações entre a produção literária e o contexto histórico em que ela foi gerada.

Aos críticos da época pareceu que o autor teria sido feliz quando julgava os autores e os textos e quando organizava o quadro histórico em que tais obras surgiram, porém, em vez de estabelecer uma articulação entre aqueles planos, o autor os teria desenvolvido como planos paralelos. Enfatizava, todavia, que o seu projeto era inovador, embora o produto final revelasse uma tarefa que estava aquém da intenção.

O formato dos capítulos obedecia à seguinte disposição: em primeiro lugar havia a preocupação de observar o quadro histórico e social do Brasil (e de outros países) para, em seguida, considerar a produção literária, recusando, portanto, uma análise imanente da mesma, ou seja, ater-se às características internas sem buscar um referencial externo aos textos. Embora a intenção de Sodré fosse trabalhar com a literatura, percebemos que ele ainda não possuía, naquele momento, uma definição clara do objeto, tendo estudado indiscriminadamente a produção ficcional, os publicistas, os historiadores.

Na verdade, examinando o que já tinha sido produzido na época, o livro de Sodré trazia novidades, principalmente na forma como expunha a matéria: texto claro, simples, procurando a objetividade ao máximo, buscando fundamentar os seus juízos pessoais com rigor, citando aqui e ali determinados trechos de obras (principalmente dos poetas); no entanto, Sodré ainda estava preso a alguns autores os quais, mais tarde, iria criticar veementemente, por exemplo: Varnhagen, Capistrano de Abreu, Gilberto Freyre, Oliveira Vianna, Azevedo Amaral, Joaquim Nabuco, Ronald de Carvalho etc.

O fato colonial, a que tanta atenção dispensaria na análise dos graves problemas que acarretou em nossa formação cultural (para citarmos apenas um aspecto), no caso, a literária, ficaria ausente nessa 1ª edição. Cremos que o historiador, nessa obra, já demonstrava uma visão política antioligárquica, manifestava seus juízos críticos à aristocracia que comandava nossa vida literária, censurava o critério biográfico e impressionista dos nossos críticos de então, valorizava a produção regional. Essas foram as posições que o acompanharão até seu último livro; contudo, naquele de 1938, ainda não se manifestavam os traços principais da abordagem que o caracterizaria como crítico e historiador marxista.

Um conhecimento ainda deficiente do marxismo não poderia justificar a utilização de economicismo ou mecanicismo, acusação feita recorrentemente a Sodré e cuja raiz nunca esteve fundada numa apreciação profunda de seu livro, mas o uso, com o propósito de vilanizar o autor e a obra, do subtítulo que acompanhava a obra: *seus fundamentos econômicos*. O próprio autor, em outro livro, *Memórias de um escritor* — I (1970:91), fez notar o motivo da utilização de tal subtítulo: o original seria *seus fundamentos materialistas*; porém, o editor Galeão Coutinho ponderou a respeito da inconveniência deste na medida em que o governo estadonovista já havia prendido um cidadão que carregava uma obra de crítica ao livro de Marx, *O capital*. O subtítulo escolhido foi *seus fundamentos econômicos*, para o futuro arrependimento de Sodré. Nas últimas edições tal subtítulo foi retirado por iniciativa dos outros editores.

Percebemos que as opiniões conclusivas de Sodré sobre o modernismo (encontradas na 7ª edição) e sobre a Semana de Arte Moderna já estavam presentes nas idéias supracitadas, embora com formato distinto: a tentativa de discriminar o novo da novidade, a crítica a uma postura aristocrática presente no movimento.

Sodré sempre se opôs às formulações que consideravam o pré-modernismo como passadista e destituído de valor; para ele, alguns escritores pré-modernistas, assim tratados por simples critério cronológico, possuíam obras de grande valor, por exemplo, Lima Barreto e Gilberto Amado.

A 2ª edição da *História da literatura brasileira* (1940) trouxe algumas modificações em relação à 1ª edição. As modificações que merecem ser destacadas são: a edição foi aumentada em três capítulos, tendo em outros capítulos os títulos modificados e os conteúdos ampliados, foi elaborada uma indicação bibliográfica da parte "Literária". Nessa 2ª edição, procurou discutir sobre a ausência de autonomia da produção nacional, avançou um pouco mais sobre a produção do período modernista e propôs uma rápida avaliação sobre o significado das mudanças e as tendências que se insinuavam sob o signo da Revolução de 1930.

As nossas observações sumárias sobre a 2ª edição mostram que, naquele momento, não havia ainda sido operada a grande mudança nos esquemas interpretativos do autor, equilibrando-se até então em formulações de autores diversos, de inspiração intelectual, os quais, mais tarde, irá criticar veementemente, como Oliveira Vianna, cuja obra Sodré passará a rejeitar *in limine.*

Embora inspirado no marxismo (sobre o qual o autor confessaria ter um conhecimento ainda deficiente da teoria), o livro em questão, particularmente nas duas primeiras edições, poderia ser lido por leitores jejunos nesse método sem que notassem sua utilização. Em momento algum Sodré refere-se a autores marxistas, seja no tema da crítica literária, seja nos estudos sobre economia política. Na bibliografia apresentada no final do livro, também não encontramos sequer uma citação relacionada às questões teóricas sobre uma abordagem marxista do fenômeno cultural.

A primeira edição foi publicada em 1938 e a segunda, em 1940 (sem alterações significativas entre os dois textos), no contexto do regime estadonovista e dele traziam várias marcas.

5. A refundação da *História da Literatura Brasileira*

A 3ª edição do livro (1960), no entanto, operou profundas modificações na forma e no conteúdo, em relação às duas primeiras edições. Outras foram as ambições interpretativas, o método adotado pelo autor, o preparo para escrever tal obra e o período em que ela foi elaborada.

Ao apontar as deficiências nas abordagens que antigos historiadores da literatura brasileira adotaram e propor uma nova, fundada em uma base metodológica não utilizada ainda nessa matéria e cuja voltagem ética e política era alta, se comparada às anteriormente utilizadas, Sodré não procurou enquadrar a produção literária em esquemas rígidos e, dada a sua simpatia pelo nacional e a convicção de que a literatura brasileira ainda estava em processo de formação, procurava incorporar criticamente o material produzido até aquele momento.

Na introdução do livro, Sodré procurou explicitar as bases metodológicas que utilizaria para abordar o fenômeno literário na perspectiva de acompanhar a sua história, organizá-lo para que se compreendesse a gênese da produção dos textos ficcionais. Afirmar que o seu critério já estava esclarecido pelo título do livro é muito pouco, já que o historiador possuía uma compreensão particular do que era história; afirmar também que sua abordagem era marxista também não esclareceria totalmente a questão.

Na época em que o livro fôra publicado já havia no interior mesmo do marxismo correntes que possuíam compreensões diferentes do fenômeno literário, embora as discussões sobre tal questão, no Brasil, se encontrassem ainda não sistematizadas. Os autores clássicos — no campo marxista — ainda eram pouco conhecidos e debatidos; no entanto, a discussão sobre estética, produção cultural brasileira, seja nas artes plásticas, seja na produção ficcional, estava em um momento de grande vitalidade quantitativa e qualitativa, especialmente se nos referirmos às polêmicas envolvendo os concretistas e os neoconcretistas, a produção cinematográfica, o teatro e a música.

Sodré não encontrou um campo cultural que estivesse num ponto morto da história cultural do país e, por isso, tematizarmos sobre a abordagem por ele escolhida reveste-se de significado especial. O nosso historiador encontrou em Lukács a abordagem que lhe permitiu aplicar, na análise da literatura, o princípio da historicização radical da mesma e, além disso, armou-o para os embates contra as teorias formalistas e estetizantes do fenômeno literário.

A utilização pioneira de Lukács, no Brasil, coube a Sodré, que o conheceu através das traduções italianas e passou a referir-se a ele como Mestre. As intervenções do eminente ensaísta brasileiro no campo literário e cultural estiveram fortemente marcadas pela distinção que o filósofo húngaro consagrou entre o realismo crítico e o naturalismo. Estes muitas vezes beiravam o sectarismo e desarmavam o crítico para entender a produção ficcional de vanguarda. No caso da produção do nosso historiador, tal influência foi matizada na medida em que ele lidava com a literatura de um país que ainda estava se afirmando e formando seus clássicos a partir da terceira década do século XX, enquanto Lukács derramava seu sectarismo sobre quase toda a produção ficcional desse século, chamando-a de decadente.

O estudo da literatura desligado das condições do meio e do tempo, das manifestações sociais, da história, para Sodré, seria um grande erro e resultaria numa apreciação somente estética e formalista da literatura, portanto, alienada, falsa, inautêntica, arbitrária, distante da realidade.

Na interpretação da história da literatura brasileira, ele procurou o fenômeno literário a partir dos constrangimentos a que nossa condição de país colonial impôs à criação de uma literatura autônoma, na forma e no conteúdo; a situação colonial, enfim, marcou toda a nossa literatura, impedindo-lhe a existência ou impondo-lhe a marca da mediocridade.

A ausência de contato com os outros países e culturas (que nunca teria sido absoluta, segundo o próprio autor), a dimensão externa do isolamento e as imensas distâncias e diferenças entre as áreas de povoamento, sua dimensão interna, induziu à criação e constante reprodução da estagnação e da rotina como suportes da vida colonial.

Sem estímulo às mudanças, à especulação filosófica, só nos restaria o recurso à imitação, à reprodução fiel da literatura do colonizador ou daquela de inspiração religiosa. Sodré sublinhava como o mundo colonial não possibilitava e até hostilizava qualquer ímpeto de mudança, qualquer ensaio de criação, *tudo era morno, vago, desvalioso e apagado* (ibid.:17).

O fenômeno da transplantação cultural não impediu que, desde o século XVII, aparecessem em nosso país autores e obras de valor, mas, segundo o autor, a análise de um conjunto de obras e não o destaque de valores individuais é que deve nortear qualquer análise conseqüente do fenômeno literário.

Tal fenômeno não possibilitava ainda a produção de uma literatura nacional, mas *somente o esforço inconsciente para a elaboração de uma literatura própria* (ibid.:19); por isso, Sodré descartava apreciar o romantismo como uma produção eminentemente brasileira. Fica claro, pela exposição acima, que ele considerava como requisito básico para a autonomia intelectual a existência de condições materiais desvinculadas de traços coloniais; no entanto, Sodré não aceitava a existência de uma relação mecânica entre base material da sociedade e produção cultural e, enfaticamente, afirmava que

> admitir o contrário seria supor, entretanto, que houvesse até uma relação de ritmo, numa sociedade de classes, entre o desenvolvimento material e o desenvolvimento artístico, o que não é absolutamente verdadeiro, e temos disso o exemplo diante dos olhos, no quadro atual do mundo (ibid.:08).

A abordagem do caráter social do fenômeno literário de Sodré está coerentemente articulada sob três eixos fundamentais e que serão exaustivamente pesados na construção de seus argumentos: o escritor, o público e as técnicas de transmissão do pensamento. A partir desses eixos, intrínsecos ao próprio fenômeno literário, portanto, servindo como mediadores entre o ofício e as condições em que ele se desenvolve, é que lhe será permitido tipificar (no sentido de Lukács) o que foi produzido no campo literário.

Sodré recusou abordagens centradas apenas na análise interna dos textos (formalista, estetizante) e biográfica (centrada no estudo isolado dos autores), atendo-se ao critério histórico que significava mostrar

> [...] como o desenvolvimento literário em nossa terra obedeceu às contingências econômicas, políticas e sociais que lhe impuseram um período colonial, na vigência da subordinação à metrópole, um período de elaboração nacional, na vigência da estrutura econômica levantada na fase de subordinação, e um período recente, caracterizado como nacional, quando o Brasil adquire traços que definem a nação entre os quais se destaca, pela sua importância, o da participação do povo na obra nacional, inclusive na literária, pelo conhecimento e pelo interesse com que começa a encará-la e recebê-la (ibid.:25, 26).

Para o nosso ensaísta, não existia uma relação direta entre mudanças políticas e culturais, como observamos quando ele tematizou o processo de independência; a caracterização da literatura nacional relacionada ao período modernista não estava ligada a qualquer acontecimento precipitador, mas resultava de um processo contínuo, do qual o romantismo representou um capítulo importante na criação de um público, por força da aparição do folhetim, que possibilitava a reprodução do texto para um número de leitores de tamanho razoável, do desenvolvimento das cidades e do progressivo processo de capitalização do país (com ganhos inequívocos de autonomia política e econômica), e, por isso, Sodré afirmou que o romantismo *foi a primeira tentativa para definir a fisionomia literária autêntica* (ibid.:522).

O historiador escreveu que, no final do século XIX, as condições para o aparecimento de uma produção literária autêntica já se faziam presentes; contudo, tais condições se concretizaram apenas na terceira década do século XX, quando poderiam ser observados os esforços conscientes para enfrentar e vencer os obstáculos ainda impostos pelos *elementos coloniais*.

Em síntese, o historiador considerava que o desenvolvimento das relações capitalistas impunha constrangimentos ao poder dos latifundiários (que legitimavam o fenômeno da transplantação); o crescimento do mercado interno e a maior complexidade na estrutura de classes, com visíveis ganhos de consciência, rompiam o quadro tradicional a que o Brasil assistia há séculos e que caracterizava, enfim, um quadro de ascensão burguesa, pleno de conseqüências em todos os campos da vida brasileira.

O modernismo, sobre o qual Sodré afirmava ter sido influenciado pela vanguarda, o formalismo europeu, manifestava, no entanto, como novidade, como índice de renovação, um conteúdo *nitidamente brasileiro*, daí sua importância. Quanto ao aspecto político do movimento, a posição política dos seus membros, Sodré reconhecia a heterogeneidade, o que explicaria depois os cismas verificados pouco depois da Semana de Arte Moderna, de 1922. Sodré destacou como as duas contribuições importantes do movimento modernista: *a busca da originalidade e a busca da forma de expressão.*

Se, em 1922, tivemos o início do movimento, e que deu impulso à busca por uma literatura nacional, seria no pós-modernismo,[15] cujo início Sodré reconheceu ter sido após a Revolução de 1930, que apareceria uma literatura autônoma, definida, caracterizada. O pós-modernismo seria um prolongamento do modernismo, mantendo, no entanto, as conquistas do mesmo, afirmando um projeto construtivo para a literatura brasileira e recusando certo timbre aristocrático e o que o modernismo tinha de ânsia destrutiva.

A vigência do pós-modernismo coincidiu com a fase em que o povo realmente surgia, o povo com o sentido moderno e só o povo podia conceder a vigência às manifestações de qualquer natureza que pretendessem refletir a fisionomia coletiva e nacional. Entrávamos na fase em que só é nacional o que é popular [...] (ibid.:531).

Para Sodré o pós-modernismo *vinha sancionar* o processo de ascensão burguesa que contaminava todos os setores da sociedade; todavia, das transformações então operadas, a literatura seria talvez aquela em que a autonomia de criação era a mais consolidada, pois mesmo o

15. Expressão utilizada pela primeira vez por Alceu Amoroso Lima e que Sodré passou a usar em 1942.

contato com a literatura estrangeira não poderia apagar sua fisionomia própria.

As teses que Sodré desenvolveu na HLB obedeciam ao modelo de interpretação histórica da formação social brasileira, apresentado na *Introdução à Revolução Brasileira*, e que foi ampliado no livro FHB, seguindo entretanto a mesma orientação daquele, especialmente na caracterização do processo da *Revolução Brasileira*, cujo momento decisivo foi a Revolução de 1930. É importante sublinhar, contudo, que até a 6ª edição (1978), Sodré não utilizou sequer uma só vez a categoria *Revolução Brasileira*, embora toda a argumentação do ensaísta concluísse pela existência do mesmo processo no campo literário.[16]

Em várias passagens da HLB, Sodré afirmou que a dinâmica de desenvolvimento da cultura e da política obedecia a ritmos diferentes, peculiares a cada área, e que por isso o analista deveria partir para um estudo das mesmas, não simplesmente isolando-as, mas discriminando, na história delas, também uma dinâmica às vezes irredutível, que impossibilita a superposição de dinâmicas distintas. O momento da literatura nacional não estava conectado diretamente com a radicalização política, pelo acirramento das contradições sociais mencionadas por Sodré nos livros FHB e HBB. Parece-nos que, para ele, a

---

16. Apenas a partir da 7ª edição (1980), Sodré passará a incluir tal categoria, que será utilizada nos dois últimos capítulos, Modernismo e A crise formalista, quando radicalizou suas críticas ao modernismo e ao formalismo. A 7ª edição, portanto, será a definitiva.

produção literária brasileira não atuava significativamente para a realização da revolução nacional e democrática; na verdade, conviviam em Sodré um vivo respeito pelo trabalho intelectual e um pessimismo quanto à atuação política dos intelectuais.

É sintomático que os autores citados como os mais importantes, com produção mais significativa, sejam aqueles que produziram suas obras antes do período modernista, exceto os casos de Antônio de Alcântara Machado, Mário de Andrade e Graciliano Ramos, que, na forma e no conteúdo, representaram a renovação, segundo ele, exemplos da literatura nacional.

Conclusão

Nelson Werneck Sodré tinha consciência de que, acima de tudo, ao produzir interpretações sobre o Brasil, sua cultura, história, instituições, literatura, classes sociais, estava, na verdade, levantando hipóteses que deveriam ser testadas pelas gerações futuras de pesquisadores.

Nas introduções de alguns de seus ensaios ele, freqüentemente, escrevia que os mesmos se revestiam do caráter de rascunho, de tentativa e que mereceriam revisões após ter havido discussões esclarecidas, portanto, destituídas de visões soberanas e restritas do que é a produção intelectual.

Sua abertura para as mudanças, que se confirma a quem se dispuser a ler seus ensaios, era notória, na medida em que ele, após demoradas reflexões, modificava, sensivelmente, a direção de suas pesquisas e interpretações.

A obsessão em discriminar o que era principal e o que era secundário, segundo a sua escala de valores, na produção intelectual brasileira, era decisiva em cada um de seus ensaios. Tal postura rendeu-lhe dissabores e muitos dos autores de obras consideradas por ele secundárias não lhe perdoaram e passaram a questionar *in limine* toda a sua obra.

O reconhecimento do processo de transformações intensas operadas pela Revolução de 1930, e que denominou de *Revolução Brasileira,* permitiu-lhe obter uma visão *organizada* do período que culminou no golpe de 1964, que interrompeu o aprofundamento da democracia e uma resolução adequada da questão nacional. Esta foi sua grande contribuição, o conceito de *Revolução Brasileira,* legado que deve estimular para novas pesquisas sobre o período compreendido entre 1930 e 1964.

Entre os ensaístas de sua geração, foi o mais preocupado em acompanhar o processo de desenvolvimento do capitalismo brasileiro e de seu impacto nas variadas esferas da realidade.

Sodré não desvinculava a análise da *Revolução Brasileira* de uma tomada de posição política crítica sobre o que existia de conservador no processo. Participou, após 1950, da luta política e, derrotado, sofreu constrangimentos pessoais vários, desde a prisão, perda de direitos políticos, censura da esquerda e da direita. Para ele só importava a derrota do povo brasileiro e via o seu sofrimento pessoal quase como irrelevante, comparado aos efeitos do golpe sobre o povo e a nação.

Continuou escrevendo até pouco tempo antes de sua morte.

Um ensaísmo do contemporâneo, combatente, militante, erudito, que ampliou as possibilidades de utilização do materialismo histórico, ao pesquisar temas que ainda não tinham sido abordados seguindo tal orientação, o que não pode ser considerado um empreendimento modesto. Poucos intelectuais pesquisaram tantos campos do conhecimento como Sodré e com a profundidade que está sendo reconhecida progressivamente.

Trabalhando isoladamente, avesso aos grupos e às *companhias de auxílios mútuos* (versão contemporânea das *igrejinhas*), traço que, sem dúvida, bloqueou seu contato com a juventude universitária dos anos 1980 e 1990 e fez suas teses mais importantes não encontrarem o reconhecimento devido. Ao mesmo tempo, impressiona uma produção tão ampla e variada num autor que dividia o seu tempo entre as aulas, as pesquisas e sua vida de militar.

Poucos autores foram tão combatidos e discriminados. Parte ínfima dos seus críticos tinha a formação intelectual e o conjunto de obras que Sodré apresentava. Um de seus mais impenitentes críticos procurou destruir a produção sodreana citando apenas um livro na bibliografia final de seu livro de gênio.

Não temos dúvidas também de que sua obra padeceu de deficiências, algumas graves, e que seus livros têm valor diferenciado, mas suas contribuições devem ser encaradas como hipóteses importantes para ainda iluminar muitas pesquisas sobre o Brasil, sua sociedade e sua história.

Bibliografia

ADORNO, Theodor W. *O ensaio como forma*. In: COHN, Gabriel (org.). Theodor W. Adorno. São Paulo, Ática, 1986.

ALVES FILHO, Ivan (Org.). *Tudo é Política: Nelson Werneck Sodré*. Rio de Janeiro, Mauad, 1998.

AMARAL, Azevedo. *Ensaios Brasileiros*. São Paulo, Companhia Editora Nacional, 1930.

ANDRADE, Mário. *Aspectos da literatura brasileira*. 5ª ed. São Paulo, Livraria Martins, 1974.

______. *A lição do amigo*: cartas de Mário de Andrade a Carlos Drumond de Andrade. Rio de Janeiro, José Olympio, 1982.

______. *Vida Literária*. São Paulo, Edusp, 1993.

ARVON, Henri. *Marxist Esthetics*. London, Cornell University Press, 1973.

AVINIERI, Shlomo. *The Social & Political Thought of Karl Marx*. London, Cambridge University Press, 1970.

BEIGUELMAN, Paula. *A Prática Nacionalista: dever intrínseco das Forças Armadas Nacionais*. São Paulo, Sindicato dos Escritores, 1987.

______. *O Pingo de Azeite: A Instauração da Ditadura*. 2ª ed. São Paulo, Perspectiva, 1994.

______. *Cultura acadêmica nacional e brazilianismo*. In: BOSI, Alfredo (Org.). Cultura Brasileira: temas e situações. 3ª ed. São Paulo, Ática, 1999.

BENNET, Tony. *Formalism and Marxism*. 2ª ed. London, Methuen & Co., 1981.

BLOOM, Harold. *A angústia da influência*. Rio de Janeiro, Imago, 1991.

BOSI, Alfredo. *O pré-modernismo: a literatura brasileira*. 5ª ed. São Paulo, Cultrix, 1966.

BRANDÃO, Gildo Marçal. *A Esquerda Positiva*. São Paulo, Hucitec, 1997.

BROCA, Brito. *A Vida Literária no Brasil — 1900*. Rio de Janeiro, Ministério da Educação e Cultura, 1956.

BÜRGER, Peter. *Theory of the Avant-Garde*. 8 ª ed. Minneapolis, University of Minnesota Press, 1996.

BURNS, E. Bradford. *A Documentary History of Brazil*. New York, Alfred A. Knopt, 1966.

CANDIDO, Antonio. *Literatura e sociedade*. 7ª ed. São Paulo, Companhia Editora Nacional, 1985.

CARVALHO, Ronald de. *Pequena História da Literatura Brasileira*. 5ª ed. Rio de Janeiro, s/ed., 1953.

DIEHL, Astor Antônio. *A Cultura Historiográfica Brasileira*. Passo Fundo, Ediupf, 1998.

EAGLETON, Terry. *Ideologia*. São Paulo, Boitempo, 1997.

FERNANDES, Florestan. *A Sociologia no Brasil*. Petrópolis, Vozes, 1980.

HOLANDA, Sergio Buarque de. *Tentativas de mitologia*. 2ª ed. São Paulo, Perspectiva, 1979.

IGGERS, Georg. *Historigraphy in the Twentieth Century*. Wesleyan University Press, 1997.

JAMESON, Fredric. *Marxismo e Forma*. São Paulo, Hucitec, 1985.

KURZ, Robert. *Os últimos Combates*. Petrópolis, Vozes, 1998.

LAPA, José R. do Amaral. *A História em Questão: Historiografia Brasileira Contemporânea*. Petrópolis, Vozes, 1976.

LAUERHASS, Ludwig. *Getúlio Vargas e o triunfo do nacionalismo brasileiro*. Belo Horizonte & São Paulo, Itatiaia & Edusp, 1986.

LÊNIN, V. I. U. *O Programa Agrário*. São Paulo, Ciências Humanas, 1980.

LIMA, Luiz Costa. *Limites da voz: Montaigne, Schlegel*. Rio de Janeiro, Rocco, 1993.

LOPEZ. Telê Ancona Porto. *Mário de Andrade: ramais e caminhos*. São Paulo, Duas Cidades, 1972.

LUKÁCS, Georg. *Realismo crítico hoje*. Brasília, Coordenada Editora de Brasília, 1969.

LUNN, Eugene. *Marxismo y Modernismo*. 2ª ed. México, Fondo de Cultura Económica, 1986.

MALLARD, Letícia et al. *História da Literatura*. Campinas, Unicamp, 1994.

MARANHÃO, Ricardo. *O governo Juscelino Kubitschek*. 3ª ed. São Paulo, Brasiliense, 1981.

MARINHO, Luiz Carlos de Oliveira. *O ISEB e seu Momento Histórico*. Rio de Janeiro, 1984(Dissertação de Mestrado).

MARTINS, Wilson. *O modernismo*. 4ª ed. São Paulo, Cultrix, s/d.

MERQUIOR, José Guilherme. *O elixir do apocalipse*. Rio de Janeiro, Nova Fronteira, 1983.

MICELI, Sérgio. *Intelectuais e classe dirigente no Brasil* (1920-1945). São Paulo, Difel, 1979.

MOTA, Artur. *A História da Literatura Brasileira*. São Paulo, s/ ed., 1930. 2 vol.

OLIVEIRA, Franklin de. *A Semana de Arte Moderna na contramão da História*. Rio de Janeiro, Topbooks, 1993.

PAZ, Octávio. *Os Filhos do Barro*. Rio de Janeiro, Nova Fronteira, 1984.

______. *Convergências*. Rio de Janeiro, Rocco, 1991.

PIGNATARI, Décio. *Cultura pós-nacionalista*. Rio de Janeiro, Imago, 1998.

PCB: Vinte anos de política (1958-1979). São Paulo, Ciências Humanas, 1980.

PÉCAUT, Daniel. *Os Intelectuais e a Política no Brasil: entre o Povo e a Nação*. São Paulo, Ática, 1990.

PEDRO, Antônio. *O Imperialismo Sedutor*. São Paulo, Companhia das Letras, 2001.

PIRES, Cecília Maria Pinto. *O ISEB e a Questão do Nacionalismo*. Rio de Janeiro, 1987 (Tese de Doutorado).

PONTES, Heloísa. Retratos do Brasil: Editores, Editoras e "coleções Brasiliana" nas décadas de 30, 40, 50. In: MICELI, Sergio (org.). *História das Ciências Sociais no Brasil*. São Paulo, Vértice, 1989.

PRADO Jr. *A Revolução Brasileira*. 5ª ed. São Paulo, Brasiliense, 1977.

RAMOS, Plínio de Abreu. *Brasil, 11 de novembro*. São Paulo, Fulgor, 1960.

RENZA, Louis A. Influence. In: LENTRICCHIA, Frank & MACLAUGHLIN, Thomas (Org.). *Critical terms for literary study*. 2ª ed. Chicago, The University of Chicago Press, 1995.

RIBEIRO, Marília Andrés. *Neovanguardas*. Belo Horizonte, C/ Arte, 1997.

ROMERO, Sílvio. *História da Literatura Brasileira*. 3ª ed. Rio de Janeiro, José Olympio, 1953. 5 Vol.

SALGADO, Gilberto Barbosa. *O imaginário em movimento: crescimento e expansão da indústria editorial no Brasil*. Rui de Janeiro, IUPERJ, 1995 (Dissertação de Mestrado).

SANTIAGO, Silviano. *Nas malhas da letra*. São Paulo, Companhia das Letras: ensaios. 1989.

SANTOS, Wanderley Guilherme dos. *Ordem Burguesa e Liberalismo Político*. São Paulo, Duas Cidades, 1978.

SENNA, Homero. *República das Letras*. 2ª ed. Rio de Janeiro, Gráfica Olímpia Editora, 1968.

SEVCENKO, Nicolau. *Literatura como missão, tensões sociais e criação cultural na Primeira República*. 3ª ed. São Paulo, Brasiliense, 1989.

SODRÉ, Nelson Werneck. *História da Literatura Brasileira*. São Paulo, Cultura Brasileira S/A, 1938.

______. *Idem*. 2ª ed. Rio de Janeiro, José Olympio, 1940.

______. *Idem*. 6ª ed. Rio de Janeiro, Civilização Brasileira, 1976.

______. *Idem*. 9ª ed. Rio de Janeiro, Bertrand Brasil, 1995.

______. *Panorama do Segundo Império*. São Paulo, Companhia Editora Nacional, 1939.

______. *Oeste*. Rio de Janeiro, José Olympio, 1941.

______. *Orientações do Pensamento Brasileiro*. Rio de Janeiro, Vecchi, 1942.

______. *Síntese do Desenvolvimento Literário no Brasil*. São Paulo, Livraria Martins, 1943.

______. *Formação da Sociedade Brasileira*. Rio de Janeiro, José Olympio, 1944.

______. *O Que se Deve Ler Para Conhecer o Brasil*. Rio de Janeiro, Cia. Editora Leitura, 1945.

______. *Introdução à Revolução Brasileira*. 2ª ed. Rio de Janeiro, Civilização Brasileira, 1963.

______. *Ideologia do Colonialismo*. 3ª ed. Petrópolis, Vozes, 1984.

______. *Formação Histórica do Brasil*. 9ª ed. Rio de Janeiro, Civilização Brasileira, 1976.

______. *História da Burguesia Brasileira*. 2ª ed. Rio de Janeiro, Civilização Brasileira, 1967.

______. *O naturalismo no Brasil*. Rio de Janeiro, Civilização Brasileira, 1965.

______. *Ofício de Escritor: Dialética da Literatura*. Rio de Janeiro, Civilização Brasileira, 1965.

______. *Memórias de um soldado*. Rio de Janeiro, Civilização Brasileira, 1967.

______. *Memórias de Um Escritor*. Rio de Janeiro, Civilização Brasileira, 1970.

______. *A verdade sobre o ISEB*. Rio de Janeiro, Avenir, 1978.

SODRÉ, Nelson Werneck. *Oscar Niemeyer*. Rio de Janeiro, Graal, 1978.

______. *A Intentona Comunista de 1935*. Porto Alegre, Mercado Aberto, 1986.

______. *Literatura e História no Brasil Contemporâneo*. Porto Alegre, Mercado Aberto, 1987.

______. *Em Defesa da Cultura*. Rio de Janeiro, Bertrand Brasil, 1988.

______. *Capitalismo e Revolução Burguesa no Brasil*. Belo Horizonte, Oficina de Livros, 1990.

______. *O Fascismo Cotidiano*. Belo Horizonte, Oficina de Livros, 1990.

______. *A Ofensiva reacionária*. Rio de Janeiro, Bertrand Brasil, 1992.

______. *A Fúria de Calibã*. Rio de Janeiro, Bertrand Brasil, 1994.

______. *A Farsa do Neoliberalismo*. Rio de Janeiro, Graphia, 1995.

TELES, Gilberto Mendonça. *Vanguarda européia e modernismo brasileiro*. 3ª ed. Petrópolis, Vozes, 1976.

VERÍSSIMO, José. *História da Literatura Brasileira*. 3ª ed. Rio de Janeiro, José Olympio, 1954.

VIANNA, Luiz Werneck. *Liberalismo e Sindicato no Brasil*. 2ª ed. Rio de Janeiro, Paz e Terra, 1978.

VILAR, Pierre. *Iniciación al vocabulario del análisis histórico*. 4ª ed. Barcelona, Crítica, 1982.

______. Marx e a História. In: HOBSBAWM, E. et al. *História do Marxismo I*. Rio de Janeiro, Paz e Terra, 1979.

WAIZBORT, Leopoldo. *As aventuras de Georg Simmel*. São Paulo, Editora 34, 2000.

ANDRÉ MOYSÉS GAIO é professor do Departamento de Ciências Sociais da Universidade Federal de Juiz de Fora; Mestre em Ciência Política (UFMG) e Doutor em História Social (PUC-SP).